LEBEN IN KOMMUNEN

Ein Gesellschaftsmodell zur spirituellen
Weiterentwicklung der Menschheit

TRISTAN NOLTING

AUFLAGE 2.0
RATGEBER I SACHBUCH I UTOPIE

© Tristan Nolting, Berlin 2021.
Verlag & Druck: Tredition GmbH, Halenreie 40-44,
22359 Hamburg. 2. Auflage.

Cover: Kerstin Nolting

ISBN: 978-3-347-46949-5 (Softcover)
ISBN: 978-3-347-46950-1 (Hardcover)
ISBN: 978-3-347-46951-8 (e-Book)

Hinweis

Dieses Buch bietet eine Leitlinie und Vorinformationen für jene Menschen, die aus dem Stadtleben in ein ruhiges und kommunales Leben auf dem Land finden möchten. Wie genau eine „moderne" Kommune letztendlich aussehen kann, das wird so individuell aussehen wie die Menschen, die in der Gemeinschaft zusammenleben.

Immer mehr Menschen merken, dass der hektische Trubel des Alltagslebens in der Stadt nicht zur spirituellen und gesundheitlichen Entfaltung ausgelegt ist – insbesondere auch in Krisenzeiten. Jene Menschen, die über Gespür und Intuition verfügen, um abschätzen zu können, wie ein gutes Leben für sie aussehen kann, werden reges Interesse an meinen Ideen für eine Kommune finden.

Ich habe jedoch die Wahrheit nicht gepachtet, ich kann nur meine Vorstellungen von Harmonie und Struktur beschreiben. Am Ende geht es vielleicht auch gar nicht um Wahrheit, sondern darum, welche Bedürfnisse die Kommune für den modernen und spirituellen Menschen im 21. Jahrhundert erfüllen muss. Welche Bedürfnisse das sind? Das versuche ich unter anderem in diesem Buch zu ergründen.

Inhaltsverzeichnis

Vorwort

Dass du dieses Buch lesen möchtest, hat einen Grund. Alles, was du tust, hat einen Grund, der auf deine individuelle Lage, also dein Wesen, inklusive deiner erworbenen Kenntnisse sowie deine Glaubenssätze, zurückzuführen ist. Ich möchte zu Beginn dieses Buches zwei Dinge vorausstellen: Erstens bin ich nicht dafür verantwortlich, was du aus meinem Werk interpretierst, sondern nur dafür, was ich tatsächlich geschrieben habe. Je nachdem, welche Vorerfahrungen du besitzt, nimmst du deine Umwelt anders wahr. So ist es auch mit Worten und erst recht bei Schriftwerken. Ich glaube zu wissen, dass deine Wahrnehmung und deine Aufmerksamkeit dein Weltbild bestimmen und so zu deiner Perspektive führen. Du wirst dieses Buch anders lesen als deine Freunde. Zweitens ist es wichtig, eine Grundintention des Buches zu verinnerlichen, die da lautet: Traue dich, deine Fähigkeiten auszubauen, die es dir erlauben, unabhängiger zu sein. Heutzutage haben wir den Drang, fast alles zu kaufen, auch wenn wir es vielleicht sogar selbst machen könnten. Jeder Handgriff wird unbewusst aber gekonnt ausgelagert. Das schränkt uns unheimlich ein und macht uns noch abhängiger von äußeren Faktoren, als wir es sowieso schon sind. Bedenke nun: Ich verfolge keinesfalls das Ziel, bestimmten Personen auf dieser Welt einen Vorwurf zu machen und absichtliche Schuldzuweisungen zu formulieren, weshalb diese Abhängigkeiten bestehen. Wie bereits erwähnt geschieht alles aus einem Grund und hat damit seine von Beurteilungen unabhängige Existenzberechtigung. Was wir als Menschen zu dem Schicksal und Wohle aller Lebewesen beitragen können, ist die Gewährleistung des kontinuierlichen Wachstumsprozesses im Leben, wie es auch in der Natur eindeutig zu finden ist. Wir als Lebewesen mit Verstandesseele (im Sinne der aktiven Einflussnahme auf die Innen- und Außenwelt) sind jedoch die Einzigen, die mit der Gabe des freien Willens ausgestattet wurden. Somit ist es uns nicht nur möglich, Liebe und Fürsorge in dieser Welt zu verbreiten, sondern das komplett gegensätzliche Extrem von Hass, Gewalt und Rache.

Die Geschichtsschreibung weist uns darauf hin, dass in der Vergangenheit hauptsächlich Zeiten der Probleme, des Krieges und der Turbulenzen geherrscht haben. Vielleicht trügt diese Ansicht aber auch, denn es könnte auch einfach nicht lohnenswert sein, den Frieden schriftlich festzuhalten, weil Genuss selbst nicht oder nur schwer in schriftlicher Form vermittelt werden kann. Was sehr viel leichter weitergegeben werden kann, sind Lektionen und Lehren über Glück und Unglück, über Fehler, die der Mensch gemacht hat und wie er sie besser machen kann. Es liegt aber an niemand anderes als uns selbst, mit all unseren Kenntnissen und Fähigkeiten diese Probleme zu erkennen, überwinden und Frieden zu stiften. Jeder Einzelne kann und wird hierzu seinen Beitrag leisten, ob nun praktisch oder theoretisch, gewollt oder ungewollt - davon bin ich fest überzeugt.

So stand auch ich vor der Entscheidung, zu handeln, etwas in dieser Welt zu bewegen und vor der Frage, in welcher Form dies geschehen soll. Welchem höheren Ziel soll ich meinem Leben widmen? Denn ist es nicht eben jenes höhere, dass uns dazu bringt, die kurzlebigen Probleme zu überwinden, anstatt sie zu ignorieren und zu verdrängen? Rückblickend hat mich mein damaliger Glauben dazu geführt, eine Tätigkeit als Schriftsteller zu beginnen und an die Herzen und den Verstand von Menschen zu appellieren. Auch wenn ich den Pragmatismus immer der Theorie vorziehen würde, sowie das gesprochene Wort und die Handlung der Literatur, so ist es in unserem Zeitalter wesentlich leichter, Lehren durch Publikationen zu verbreiten. Hierzu sind in unserer Moderne unzählige Möglichkeiten gegeben worden. Als Grundlage für den weiteren Lebensweg bieten Bücher ungeahnte Schätze an Weisheit zur Überwindung materieller Konzepte und Dogmen. Wer sich selbst erkennen möchte („*gnothi seauton*" —Inschrift am Apollon-Tempel von Delphi), der tut gut daran, sich selbst zu belesen und seine Ansichten mit anderen Menschen zu teilen. Wir leben in einem Zeitalter, in dem wir erstmals Zugang zu Wissen haben, dass seit Jahrtausenden geheim gehalten und in elitären Bibliotheken geheim gehalten wurde. Dies sollte uns bewusst sein und folglich durch die Wertschätzung für dieses Wissen zu einem gemeinsamen Konsens führen, anstatt zu Streitgesprächen - und zu Toleranz anstatt zu Missionierungen. Sollten wir uns nicht unserem Verantwortungsbewusstsein über unsere Macht in der Welt dazu bringen, dass wir selbst uns auf den Weg des Vertrauens und der Wertschätzung miteinander begeben? Letztlich ist es das, was jeder Ratgeber, den man für zehn Euro im Buchhandel kaufen kann, uns verklickern möchte.

Ich möchte hier schon einmal vorab betonen, dass ich für all das, was die Menschheit bisher an Wissen erreicht hat, und dies umschließt auch alle Schattenseiten kultureller Praktiken und technologischer Erfindungen unendlich dankbar bin. Trotz der unzähligen Verbrechen, die tagtäglich begangen werden, hätten wir es auch wesentlich schlimmer treffen können, was unsere Gemeinschaft und das Zusammenleben betrifft. Dazu braucht man nur einen Blick in die Geschichtsschreibung des 18. Jahrhunderts zu werfen. Trotzdem sehe ich die Menschheit nicht als ein Problem an oder als eine Plage, wie manche behaupten mögen, sondern als eine Chance. Eine Chance, etwas zu erreichen, was anderen uns bekannten Lebensformen nicht möglich ist. Und das haben wir auch schon längst getan - wie beispielsweise durch die Erfindung von Kulturen und Traditionen. Daher möchte ich die Vergangenheit als Appell in das Gedächtnis der Menschen rufen. Erst das Bewusstsein über die begangenen Fehler, ohne sich in ihr zu verirren und auf ihr zu beharren, kann zur Lösung der eigens geschaffenen Probleme beitragen. So stimmen auch die weisesten Philosophen und Gläubigen (darunter Platon, Aristoteles, Pythagoras, Laotse, Konfuzius, Buddha, Meister Eckhart...)

der Geschichte überein, dass alles so kommen wird, wie es kommen soll, auch wenn der reine Verstand dies niemals vollständig ergründen wird. Aus dieser Wertschätzung für alle Lebewesen und dem Vertrauen gegenüber dem Schöpferprinzip, namentlich dem *Karma*, dessen Existenz ich mir selbst aus tiefster Seele bewusst bin, möchte ich dieses Werk als Geschenk an die Nachwelt kommender Generationen überlassen. Auch wenn die angesprochenen Ideen in diesem Buch radikal und utopisch wirken mögen, so ist es niemals als wertende, absolute oder anklagende Meinung gegenüber unserer Gesellschaft gedacht. Jeder wird genau das bekommen, was er verdient, dessen bin mir nicht nur sicher, sondern ich erlebe es jeden Tag aufs Neue durch meine Erfahrungen und behaupte so es zu wissen. Auch wenn wir unserer eigenen Verzweiflung längst überdrüssig sind, so wisse es gewinnt doch die Hoffnung auf das Gute im Leben (wie man auch das Gute letztendlich interpretieren mag).

„Und wenn es nicht gut wird, ist es noch nicht das Ende." – Volksweisheit

Ist es utopisch, daran zu glauben, dass der Mensch in Eintracht leben kann? Ich glaube sogar daran, dass es unser unausweichliches Schicksal ist. Lasst uns also versuchen, diesen für uns geebneten Weg ergründen, den wir wohl in letzter Instanz einschlagen müssen, da wir langfristig nur in einer Gemeinschaft überleben können, in der jeder sein ganz eigenes Heil erkennen, Frieden mit sich finden und mit der Welt teilen kann. Dort und nur dort, wo die Utopie nicht bloß Rebellion bedeutet und wo Zusammenleben nicht bloß Zusammenwohnen bedeutet, wird sich die mächtige Illusion der Trennung der Liebe unterwerfen und unser Leben wird zum einst geglaubten Traum werden.

„DER WAHRE VERSTAND KANN ALLE LÜGEN UND ILLUSIONEN DURCHSCHAUEN, OHNE SICH ZU VERIRREN. DAS WAHRE HERZ KANN DAS GIFT DES HASSES ÜBERSTEHEN, OHNE SCHADEN ZU NEHMEN. SEIT ANBEGINN DER ZEIT HAT DIE FINSTERNIS IN DER LEERE EXISTIERT, ABER SICH IMMER VOR DEM REINIGENDEM LICHT GEBEUGT."

—ZITAT AUS AVATAR - DER HERR DER ELEMENTE

Einführung in die Ausgangssituation

Besonders emotionale Anteilnahme und Leidenschaft für geschichtliche Ereignisse waren mir in meinem bisherigen Leben von 22 Jahren nicht zu eigen. Während ganze Wissenschaften versuchen, den Code antiker Sprachen, die Kultur und damit verbundenen Geheimnisse und Eigenheiten vergangener Völker zu entschlüsseln, ist meine persönliche Denkweise seit jeher eher auf die Zukunft ausgerichtet gewesen. Sowohl wissenschaftliche als auch philosophische und spirituelle Praktiken bin ich in meinem bisherigen Leben sehr rational und zweckorientiert angegangen. Nicht, dass ich nichts aus der vergangenen Zeit habe lernen können - natürlich habe ich mich auch den Erkenntnissen und Lebensformen antiker Kulturen und Denker gewidmet, jedoch vornehmlich um logische Argumentationsketten für heutige Probleme aufzubauen und nicht, um Einfühlsamkeit in die Leiden der Menschen aus vergangenen Zeiten zu entwickeln. Kaum verwunderlich ist es, dass ich ein Mensch bin, der trotz seiner recht guten Auffassungsgabe kein gutes Gedächtnis aufweist. Denn um sich an ein Ereignis erinnern zu können, muss man vor allem erst mal eine erlebte Emotion mit dem Geschehenen in Verbindung bringen können. Körper und Geist können sich nur durch die wiedererlebten Gemütszustände, Bedürfnisse und Emotionen an die Vergangenheit erinnern. Jede rationale Unternehmung bestrebt die Ausrichtung auf die Zukunft zur Erlangung des Höchsten und des Besten (z. B. Wohlstand, zeitliche Effizienz), um die Planung der eigenen Sicherheit zu maximieren. Deshalb war es geradezu außergewöhnlich und neuartig für mich, dass ich nach meiner Lektüre über Flora Tristan erstmals ein emotionales Interesse an historischen Ereignissen des 19. Jahrhunderts entwickelt habe und mich so in die Lage der damaligen Menschen hineinversetzen konnte. Um ein ganzheitliches Weltbild zu entwickeln, das wirkliche Lösungen für die fortwährenden Probleme der Menschheit bietet, sind beide Seiten, die emotionale und die rationale, aber auch die wissenschaftliche und religiöse, unentbehrlich.

Flora Célestine Thérèse Henriette Tristán-Moscoso (* 1803, † 1844) war eine französisch-peruanische Schriftstellerin, die sich mit den Themen des frühen Sozialismus und Feminismus beschäftigte und so als eine der ersten Frauen in ihren Schriftwerken eine

Befreiung der Frauen und Arbeiter aus ihren sklavenähnlichen Lebensweisen forderte. Für das begin-
nende 19. Jahrhundert war diese Unternehmung ein
Spiel mit dem Feuer, denn damals waren Frauen in
ihrer persönlichen Freiheit durch die auf den Mann
ausgelegten Gesetze sehr stark eingeschränkt. Floras prägnante Beschreibungen über das damalige
Dasein von Arbeitern und den Elendsvierteln in
Frankreich, England und Peru waren nicht nur äu-
ßerst erschreckend, sondern wecken auch heute
noch tiefes Mitgefühl. Sie geben nicht nur Denkan-
stöße für unsere heutige festgefahrene Sichtweise
über Themen, die uns in der Schule als eindeutig
und wahrhaftig beigebracht werden, sondern ermöglichen eine ungeahnte Dankbarkeit für den
heute vielzählig als so selbstverständlich erachteten
Lebensstandard.

Eines ihrer bedeutendsten Themen war die **Gegen-
überstellung der Proletarier (Bürger) und Sklaven**.
Lass mich den Vergleich kurz paraphrasieren: Während der Sklave einen Lohn (Nahrung) für eine
Dienstleistung erhält, an die er ausweglos gebunden
ist, sind Proletarier in dem Glauben frei zu sein, da
sie in ihrer Arbeit niemandem gehören, jedoch in

den engen und unhygienischen Verhältnissen der Stadt mit ihrem Lohn für die Familie nur sehr geringe Überlebensmöglichkeiten haben und dadurch in ihrer Existenzangst der fortwährenden Apathie (Gleichgültigkeit) unterworfen sind. **Flora Tristan beschreibt es als eine agonische Lebensweise** (Agonie bedeutet: allmählicher Sterbeprozess, Todeserscheinungen), denn die Umstände der Proletarier des 19. Jahrhunderts lassen sich nicht mehr nur als Armut beschreiben, sondern vielmehr als grausames Elend. Es kommt nicht selten vor, dass Flora Tristan bei ihren Expeditionen auf Großfamilien trifft, die nicht nur kein Geld für Grundbedürfnisse wie Nahrung und Wasser haben, sondern auch bis auf einige Stofffetzen keine Kleidung besitzen, sich nicht waschen können und letzten Endes unter unhygienischen Bedingungen versterben, ohne den Nachkommen Überlebenschancen zu bieten. Müssten wir heutzutage als aufgeklärte Menschen unter diesen genauen Beschreibungen des bürgerlichen Elends nicht die Schuldfrage stellen? Gab es jemanden, der bewusst die Arbeiter unterdrückt hat und sie glauben ließ, dass diese Zustände unvermeidlich seien? Auch wenn die damaligen Verhältnisse für die Bürger westlicher Zivilisationen kaum noch ersichtlich und nachvollziehbar sind, so hat sich ganz augenscheinlich und von jedem im tiefsten Inneren bewusst das Leid lediglich wie ein Symptom von unserer Gesellschaft in die Dritte Welt Länder verschoben, auf deren Leiden unser Wohlstand heutzutage gipfelt. Damit ist die einzig logische Schlussfolgerung, dass die Probleme der Menschheit, die sich in Symptomen wie Armut und Hunger zeigen, durch die Politik nur unterdrückt werden, anstatt dass sie tatsächlich weltweit gelöst werden. Eine Lösung vom Elend kann ich beim besten Willen nicht erkennen. **Politik scheint nicht das Bestreben zu haben, den Wohlstand aller zu gewährleisten, sondern nur den Wohlstand lukrativer und elitärer Anspruchsgruppen.**[1]

Laut Floras Erfahrungen sind es die Angehörigen der Aristokratie, die sich nicht um das Wohl des Arbeitervolkes kümmern, obwohl sie, die hart arbeitenden Menschen des Volkes, den Wohlstand der Herrschenden überhaupt erst ermöglichen. Auch in unserer heutigen Zeit ist dies noch immer nachvollziehbar. Wenn man bedenkt, dass inzwischen **laut Oxfam ca. 1 % der reichsten Deutschen so viel Vermögen angehäuft haben wie 87 % der ärmsten Bevölkerung,** dann muss man sogar davon ausgehen, dass sich die Zustände weiter verschlimmert haben. Deutschland zählt trotz des errichteten Sozialsystems im internationalen Vergleich zu den Ländern mit der höchsten sozialen Ungleichheit. Laut der Hans-Böckler-Stiftung driften Arme und Reiche trotz Wirtschaftswachstum immer weiter auseinander.[2,3] Krisen, wie die Finanzkrise 2008/2009 und die COVID-19-Pandemie tun ihr Übriges zum Wohlstand und zur Gerechtigkeit in Deutschland. Aber auch auf internationaler Ebene sieht es nicht besser aus, denn **im Jahr 2019 besitzen 8 der reichsten Menschen so viel, wie die Hälfte (50 %) der ärmeren Weltbevölkerung.**[4] Und diese Rechnung wurde im Jahr 2017 getätigt, als der reichste Mann noch Bill Gates mit 75 Milliarden US-Dollar war. Inzwischen hat selbst der Mann auf Platz zehn, Mukesh Ambani, einen Vermögenswert von 99,2 Milliarden US-Dollar und damit mehr als Bill Gates vor vier Jahren. Und die heutige Nummer eins? Ist kein anderer als Elon Musk mit 219,9 Milliarden US-Dollar.[5] Vielleicht werden mich nun einige selbsternannte Coaches als „neidisch" bezeichnen, aber das kümmert mich ehrlich gesagt nicht. Was mich kümmert ist, dass Elon Musk ein Verrückter mit enormen Reichtum ist. Ich meine, wie würdest du jemanden bezeichnen, der sagt, er habe

Angst vor den Möglichkeiten von Künstlicher Intelligenz (K.I.) und zeitgleich selbst da reininvestiert und Gadgets wie den TeslaBot erfindet, der mit K.I. arbeitet?[6] Seine Erklärung auf Twitter:

"Die Roboter kommen ohnehin, das zeigen die Videos von Boston Dynacmics deutlich. Ich kann nicht versichern, dass die Roboter, die von anderen Firmen hergestellt werden, sicher sind. Aber ich kann versuchen, dass sie es bei Tesla sind."[7]

Und Elon Musk ist kein Einzelfall von Größenwahn. Viele wenn nicht sogar alle (ich hoffe es nicht) reichen Menschen versuchen der Welt ihren Stempel aufzudrücken, aber bezeichnen sich selbst dann als Philanthropen („Menschenfreunde"). Bill Gates versucht über seine Stiftung die Weltgesundheitsorganisation (WHO) und das Gesundheitswesen zu beeinflussen, hat aber wiederum auf der anderen Seite Aktien von Firmen, die uns über Nahrungsmittel wie Cola (übermäßig viel Zucker) und Chips (Transfette, Geschmacksverstärker) langfristig krank machen. Schon 2017 hat ZEITonline darüber berichtet, dass die WHO pleite ist und nun auf Spenden angewiesen ist. Die Überschrift des Artikels: „Der heimliche

WHO-Chef heißt Bill Gates".[8] Was 2020 und 2021 aufgrund der COVID-19-Pandemie zur Verschwörungstheorie wurde, war bereits 2017 die Idee von Filmemachern und Journalisten, die bezweifelt haben, dass Gates ein Menschenfreund sein könne, weil er ein doppeltes Spiel betreibt:

„Die Agenda der WHO werde immer mehr von privaten Spendern bestimmt, vor allem von Bill Gates, sagt der. Würde die Bill & Melinda Gates Foundation aufhören, jährlich Millionen US-Dollar nach Genf zu schicken, würde die WHO womöglich in sich zusammenfallen. Entsprechend großen Einfluss habe der Milliardär auf das inhaltliche Programm.

Der Sprecher der Stiftung streitet im Film jegliche Einflussnahme ab. Aber de facto gibt es, wie der Film aufzeigt, zwischen der WHO und der Gates Foundation personelle Überschneidungen. Und die WHO konzentriert sich in der Tat auffällig stark auf das, was Bill Gates sich wünscht: impfen zum Beispiel.

[...]

Aber Impfungen allein halten Menschen nicht gesund. Viel wichtiger ist, dass die Gesundheitsversorgung eines Landes gut funktioniert und die Umwelt, in der Menschen leben, sie nicht krank macht – auf diese Wunde innerhalb der WHO legt die Dokumentation ihren Finger. Jeden Tag sterben zum Beispiel fast 1.500 Menschen an verunreinigtem Trinkwasser. Mit sauberem Wasser und Ernährungsprogrammen ließen sich also mehr Leben retten als mit Impfungen, sagen Kritiker. In Wahrheit wäre beides nötig.

Die Filmemacherinnen sagen klar: Das könnte an der Gates Foundation liegen. Denn sie hat unter Umständen andere Interessen. Der Grund: Die Stiftung legt ihr Geld bei Konzernen an, deren Handeln die Gesundheit vieler Menschen gefährdet. Je mehr Gewinn diese Unternehmen machen, desto mehr Rendite springt heraus. Mit im Gates-Portfolio stehen große Alkohol- und Nahrungsmittelhersteller wie Nestlé und auch der Ölkonzern Shell."

Hört sich an wie eine Verschwörungstheorie? Vielleicht ist es das auch. Zumindest wird seit dem Jahr 2020 viel Wert darauf gelegt, dass diese These eine Verschwörungstheorie ist. Lass mich aber trotzdem meine Bedenken äußeren: **Ich finde es ziemlich paradox, was reiche Menschen mit ihrem Geld anstellen, anstatt zu versuchen, den ärmsten Menschen der Welt zu helfen.** Und ich meine nicht damit zu helfen, Ihnen Spritzen zu verkaufen, sondern Schulen zu bauen und Entwicklungsprojekte zu fördern!

Und dies ist vielleicht nur die Spitze des Eisberges an kapitalistischen Verbrechen, wer weiß schon, wie hoch die Dunkelziffer ist. Man selbst sollte immer davon ausgehen, dass man einen Großteil dessen, was auf der Welt passiert, nicht mitbekommt und auch keinen Zugriff darauf hat. Denn das Einzige, was man tatsächlich mitbekommt, sind mediale Präsentationen dessen, was gezeigt werden *soll*. Spätestens seit dem Jahr 2020 ist klar, dass Bill Gates Retter der Menschheit ist. Vor allem in den Bereichen Klima-Krise und COVID-19-Pandemie. **Es ist keine Verschwörungstheorie, dass man die gesellschaftlichen Missstände hinterfragt, wie etwa die immer weiter steigenden Krankheitszahlen, die Armut sowie die**

soziale Ungerechtigkeit. So gehören beispielsweise die meisten einflussreichen Zeitungen und Verlage demselben Besitzer. Komisch, oder? Dies wusste sogar schon die allseits bekannte und beliebte Management-Trainerin Vera F. Birkenbihl und vertrat diese Meinung auch in ihren Vorträgen.[9]

Kurz vorab, bevor wir weiter auf die gesellschaftlichen Missstände eingehen - wir alle kennen bestimmte Begriffe, die gekonnt medial benutzt werden, um Menschen mit ihrem Denken auszugrenzen. Dazu zählen zum Beispiel die Begriffe Verschwörungstheorie, Populismus, Covidioten, Antisemit oder aber der beliebte Begriff *Rechtsradikaler*. Woran liegt es, dass diese Wörter so eine Macht der Verbannung ausüben? Laut Prof. Rainer Mausfeld neigen Menschen zum *Wortaberglauben*.[10] Sobald Menschen auf ein unbekanntes Wort treffen, versuchen sie es in ihr Wissensnetz über bereits bekannte Begriffe einzuordnen. Solange Menschen allerdings noch keine Vorprägung über unbewusste Begriffe besitzen, wird die Meinung des Autors über den Begriff dann zur allgemeingültigen Wahrheit erhoben. Warum? Na, weil wir naiv sind, solange wir nicht ständig versuchen, alles kritisch zu hinterfragen!

Eben wie ein Kleinkind, das alles unterbewusst übernimmt, was die Eltern vorleben. Der fachliche korrekte Begriff hierzu ist Mem! Damit wird die Nutzung eines Begriffes in Verstärkung durch die Körpersprache in unserem Umfeld automatisch durch das Netzwerk an Spiegelneuronen zur absoluten Wahrheit. Spiegelneuronen sind für die in der Natur auffindbare Lernstrategie des Kopierens verantwortlich. Jedes Kind, jedes Tier, ja alle Lebewesen kopieren Verhalten, damit sie sich an ihre Umwelt anpassen können. Solange Menschen nicht kritisch hinterfragen und schlussfolgern, sind auch sie nicht davon ausgenommen. **Wie oft wir Menschen wohl automatisch Wörter übernommen haben, ohne uns über dessen wirkliche Bedeutung klar zu sein?** Das ist wohl ziemlich einfach zu beantworten: immer. Unser ganzes Weltbild beruht auf den Lehrern, die es uns beigebracht haben. Erst wenn wir selbst anfangen, die Wahrheiten und Begriffe zu hinterfragen oder eine zweite Meinung erhalten, können wir uns von der Verklammerung und Anhaftung über das *Image* (Bild) des Begriffes lösen. Also nun die einfache Frage: In unserer heutigen Zeit der Sprachverwirrung, in denen wir die meisten Nachrichten aus vorgekauten Medien erhalten, glauben wir da wirklich, alles sofort über einen Begriff zu wissen, der uns gerade über den Weg läuft? Was weißt du schon über Antisemiten oder über Rechtsradikale? Weißt du wirklich, wie Verschwörungstheoretiker denken? Du hältst dich doch für bestimmt viel schlauer als diese dummen Rassisten.

Ich schlage vor, dass wir erst einmal demütig versuchen zu lernen, wie man einen neuen Begriff wirklich verwendet. Denn vielleicht ist dann plötzlich gar nicht mehr der, über den ich mich aufrege, der Populist, sondern ich verhalte mich wie einer.

Und nun müssen wir uns mit noch mehr Vorurteilen beschäftigen, die mit der Zeit in den Kopf gepflanzt wurden. Also die erste und gleichzeitig eine der wichtigsten Fragen, die wir uns stellen müssen, ist, woran liegt es, dass die Superreichen, die elitäre Klasse, die ich eben angesprochen habe, ganz offensichtlich die Probleme dieser Welt gekonnt ignorieren? Sind diese Menschen von Hass zerfressen und verbittert, sind sie machtgeil oder aber ist es einfach nur bewusstes Desinteresse? Um diese Frage zu klären, möchte ich dir nun eine Berechnung von Oxfam vorstellen:

„Oxfam schätzt, dass die Einnahmen aus einer welt-
weiten Steuer in Höhe von nur 0,5 Prozent auf das
Vermögen des reichsten Prozents der Bevölkerung
in allen Ländern ausreichen würden, um allen 262
Millionen Kindern, die derzeit nicht zur Schule ge-
hen, einen Schulbesuch zu ermöglichen und um
staatliche Gesundheitsversorgung zu schaffen, die
3,3 Millionen Menschen das Leben retten."[11]

Bei einem solchen Minimalaufwand, der betrieben
werden muss, damit so vielen Menschen geholfen
werden kann, muss man sich ernsthaft damit beschäftigen, ob Politik wirklich lösungsorientiert ist.
Der österreichisch-britische Philosoph Karl Popper
vertrat genau diese Auffassung, denn seiner Ansicht
nach würden wir in dem besten aller politischen Systeme leben, der Demokratie. Doch welche Argu-
mente gibt es für diese Position? **Es gab tatsächlich
keine Zeit in der Menschheitsgeschichte, in der ein
so hoher Umweltschaden, ein so boomender illega-
ler Menschenhandel, ein so weit verbreiteter Kon-
sum synthetischer Drogen, ein solch immenses Auf-
kommen an Hunger und Armut durch Ungerechtigkeit, eine solch starke Unterdrückung politischen En-
gagements der Arbeiter und Frauen sowie ein so**

starker Verfall von Kultur und Spiritualität geherrscht hat. Für diese Erkenntnis brauche ich keine Quellen, denn diese Tatsache ist sowohl medial als auch durch den gesunden Menschenverstand im Alltag nachvollziehbar. Wer dennoch eine Quelle möchte, der kann sich gerne bei den größten Non-Profit-Organisationen informieren.

Seit dem Beginn der Geschichtsschreibung - hier zu nennen sind insbesondere die beiden ältesten Schriftwerke, die sumerischen Keilschrifttafeln (datiert auf ca. 34 Jhd. v. Chr. bis 1 Jhd. n. Chr.), inklusive dem Gilgamesch Epos (ca. 21. Jhd. v. Chr.) und die ägyptischen Hieroglyphen (ca. 32. Jhd. v. Chr. bis 4 Jhd. v. Chr.), inklusive der Tabula Smaragdina von Hermes Trismegistos (ca. 30 Jhd. v. Chr.) - **ist kein System bekannt, in dem nicht eine kleine Gruppe von Herrschenden** (Oligarchen bzw. Aristokraten) **Macht über eine wesentlich größere Gruppe von Unterdrückten** (Proletarier, Sklaven, Bürger, Person, Wirtschaftlich-Abhängiger, Lohnempfänger, Schaf) **ausgeübt hat.** Dabei ist zu beachten, dass sich durch den Zeitgeist die Begriffe des politischen Systems geändert haben, bedingt durch den Bewusstseinswandel der Menschen, nie jedoch das System an sich. Der Sklave, Bürger, Arbeiter, Lohnempfänger oder wie man ihn nennen möchte, ist nach wie vor in derselben Rolle, in der er schon immer war. Ein Extrembeispiel der Geschichte, die Französische Revolution, verdeutlicht, wie ein solcher Bühnenwechsel gekonnt inszeniert wird und den Bewusstseinswandel der Menschen unterdrückt: Während die Bürger glaubten, sich gegen die Macht der Aristokraten auflehnen zu können, stand am Ende des Aufstandes zur Schaffung einer dauerhaften Republik 1815 mit Napoléon Bonaparte wieder ein Kaiser an Frankreichs Spitze.

Was sich wie ein roter Faden durch die Geschichtsschreibung zieht, ist die immer weitere Vereinheitlichung des Menschen durch das Bestreben, ein immer noch größeres Reich für die Bürger zu schaffen. Dieses Ziel dient vorsätzlich dem Gewinn an Macht und Geld für die herrschende Klasse, sodass der Wohlstand der Eliten als gesichert gilt und mit freier Verfügungsgewalt über das Volk entschieden werden kann. Ob das Gesellschaftssystem nun Monarchie, Oligarchie oder Demokratie heißt, ist völlig egal, denn wie ausgeführt, entscheiden letzten Endes immer einige wenige über das Wohl von allen

Beteiligten - so auch heute in der Politik um die CO-VID-19-Pandemie oder den Klima-Wandel. Auch der Glaube daran, dass der Kapitalismus daran etwas ändert, ist letztlich nur ein Glaube. Wollen wir weiterhin mutmaßen, dass vom Wohlstand der Elite etwas auf die Bürger herabtröpfelt? Dass ein Machthaber etwas Gutes im Sinn hat, so wie im Falle Napoléons, kann wohl mehr als Naivität bezeichnet werden oder als Konditionierung. Kommt der Satz *„Die werden schon wissen, was Sie tun"* bekannt vor? Hinterfragen wir uns mal: Tun die Machthaber das denn wirklich? Worin liegt unser Glaube, dass die Macher dieses Systems einst wohlwollende Gründerväter waren? Und liegt es nicht vielleicht sogar an den Arbeitern selbst, die sich lieber in Zwang und Unterdrückung sehen, eine Arbeit zu verrichten, die sie zur Armut zwingt, mit der sie am Rand der Existenz leben, anstatt sich selbst zu verwirklichen? **Immerhin ist der Arbeiter in der erheblichen Überzahl, auch wenn es ihm nie so recht bewusst zu sein scheint.**

Was Vera F. Birkenbihl (* 1946, † 2011) zu unserer heutigen Lage wohl sagen würde... Es gibt wenige Menschen, die ich so sehr schätze wie die Management-Trainerin und Buchautorin. Ihre zahlreichen

Lernmethoden und einfachen Aufbereitungen von philosophischen, kulturellen und alltäglichen Themen haben Tausende deutscher Bürger während ihrer Lebenszeit verzaubert. In einem ihrer Vorträge ließ sie den passenden Satz der Kölsch-Rockband Floh de Cologne bewerten:

„Der Unternehmer heißt Unternehmer, weil er etwas unternimmt. Der Arbeiter heißt Arbeiter, weil er arbeitet. Würden die Arbeiter etwas unternehmen, müssten die Unternehmer arbeiten!"

Auch sie wusste somit schon, wenn auch in abgeschwächter Form, dass der Arbeiter arbeiten will, also sich selbst in der Zwangsposition und Unterdrückung sehen will. Jede Form der Unternehmung schließt immer Verantwortung mit ein und trägt ein gewisses Risiko in sich, welches Angst auslösen kann. Lieber sieht sich der Arbeiter in einer sicheren, wenn auch elenden Existenz, als in einer stets Ungewissen. Dieser prägende Leitsatz führt zu derselben Erkenntnis, die auch Flora Tristan schon erlangt hat. Die Proletarier können sich nur selbst aus ihrem Elend befreien, indem sie ihrer Angst Einhalt gebieten und sich selbst etwas zutrauen. Allerdings kann dieses

Unterfangen erst dann funktionieren, wenn das gesamte Geschlecht der Proletarier sich vereint, sowohl Männer als auch Frauen, und es folglich keine Möglichkeit mehr gibt, Beteiligte durch ein System, welches immer die Aristokraten bevorteilt, auszubeuten.

Merke dir also gut aus diesen Ausführungen, dass die Oligarchen abhängig von den Proletariern sind und nicht umgekehrt. So groß die Liebe auf der Welt auch sein mag, wie viel man sich auch durch Aufklärung für dieses System einsetzen wird, es wird immer jemanden an der Spitze geben, der von der Macht des freien Willens Gebrauch machen will, um seine Bedürfnisse durch jemand anderes befriedigen zu lassen. Dies geschieht schon seit Tausenden von Jahren ununterbrochen. So konnte überhaupt erst ein System entstehen, in dem Menschen bedingt durch monetären Handel auf Kosten anderer leben.

Es sollte keinen Machtmissbrauch in einem System geben, denn erst dadurch wird den Menschen Ungerechtigkeit getan, wie z. B., in dem eine kleinere Gruppe von Menschen eine Forderung an eine größere Gruppe stellt. Dieses Ungleichgewicht liegt meiner Ansicht nach im Grund für die Erschaffung des Systems selbst. Es gibt folglich keinen Anlass, der Oligarchie einen Vorwurf zu machen oder die Schuld von sich selbst auf andere zu lenken, denn **jeder, der in dieser Lage wäre, unendlich viel Macht und Geld zu besitzen, würde es auch ausnutzen, solange das Bewusstsein für die eigene spirituelle Entwicklung in Richtung der liebevollen Gemeinschaft fehlt** (vgl. S. 29). Zusätzlich trifft jeder tagtäglich die Entscheidung, lieber in seiner Gewohnheit zu verharren, als sich aus diesem vorgefertigten Missverhältnis zu befreien.

Es liegt weder am Menschen selbst, dem häufig nachgesagt wird, er sei von Grund auf böse noch am System. Es ist eine Mischung aus beidem, denn es sind immer zwei Seiten derselben Münze. Durch die eigens verursachte Unausgeglichenheit des Menschen entstand das nun den Menschen knechtende System. Nun versucht es sich wie ein Organismus am Leben zu erhalten. Ein Mittel zum Zweck kann immer ausgenutzt werden, so auch das politische System. **Jedes Unterfangen, ein neues System zu erschaffen, welches die Lösung im Äußeren sucht und nicht im Menschen, wird zwangsläufig scheitern.** Die Metapher *des Brotmessers* verdeutlicht dieses Theaterspiel. Ich kann mit dem Messer ein *Brot schmieren* oder *jemanden umbringen*. Beides dient in erster Linie dazu, dass das eigene Überleben gesichert und die Ängste minimiert werden. Die Frage ist also, in welcher Lage sich derjenige befindet, der über das Messer verfügt. Falls er nach Sicherheit trachtet und sich bedroht fühlt, wird er zu der radikalen Methode greifen und versuchen, sich zu verteidigen. Ähnlich würde es auch ein Tier in freier Wildbahn tun. Wenn ein Tier verletzt wird, dann erhöht sich der Überlebensradius und es greift bei lauernder Gefahr eher an, als dass es versucht, sich zu verstecken. Der Handlungsimpuls ist abhängig vom Bewusstsein für das eigene Überleben. Das fehlende Sicherheitsbedürfnis bringt Mensch und Tier gleichermaßen in Aufruhr und leitet zum Angriff. Ein Angriff, der jedoch nur der Verteidigung der eigenen Triebe dient. Es gäbe keinen anderen Grund für ein Tier, ein anderes Lebewesen anzugreifen, außer es sieht seine eigenen Bedürfnisse, in erster Linie Überleben und Fortpflanzung, in Gefahr. Eine langfristige Unterdrückung der Triebe führt auch beim Menschen laut den in der äußeren und inneren Welt erkennbaren Naturgesetzmäßigkeiten (s. S. 23) und der Bedürfnis Pyramide nach Abraham Maslow auch der automatisch zum selbigen Ergebnis.

Daraus könntest du nun schließen, dass die herrschende elitäre Klasse anscheinend ein erhöhtes Sicherheitsbedürfnis hat und sich daher auch völlig logisch von der unteren Klasse abgrenzt. Dies ist sowohl in der Geschichtsschreibung der Fall gewesen; beim König, der sich das sicherste und größte Schloss bauen lässt, als auch heute noch, denn die mächtigsten und reichsten Menschen der Welt laufen nicht einfach neben dir und mir auf der Straße herum, ohne erhöhte Sicherheitsmaßnahmen getroffen zu haben.

Nach wie vor möchte ich betonen, dass es keinen Grund für eine Schuldzuweisung gibt. Es muss zwangsläufig immer einen Unterdrücker und einen Unterdrückten geben, sonst würde dieses Spiel nicht funktionieren. Würde der Mensch seine spirituelle Natur erkennen, würde Gleichberechtigung herrschen, ob zwischen Arbeiter und Unternehmer, Politiker und Wähler oder Mann und Frau, dann wäre jede Handlung, die die Egalität infrage stellt, ohne Frage sofort zuwider. Keine Ungerechtigkeit wäre von Dauer. Diese Ansicht in unserer Moderne zu vertreten und nach ihr zu handeln, bedarf wahren Mut und ist leider sehr selten geworden.

Eine ähnliche Ansicht vertritt die neuartige Religionsgemeinschaft der Bahàí'í. Nach ihrem Stifter und Propheten Bahā'ullāh (* 1817, † 1892) erfährt die Menschheit alle tausend Jahre eine religiöse Erneuerung durch Gott, den Schöpfer, der die gesellschaftlichen Probleme erkannt hat und einen Abgesandten zur Lösung der Probleme schickt. Der Glaube hat seit jeher eine wichtige Rolle gespielt, wie auch Bahā'ullāh erklärt, da auch die verschiedenen Weltreligionen jeweils durch einen Abgesandten entstanden sind, die, ähnlich wie Bahā'ullāh, den Zeitgeist erkannt haben und im Vertrauen den Menschen Führung angeboten haben. **Die Wissenschaft hingegen entstand erst vor einigen Hundert Jahren und hat zwar technologischen Fortschritt zur Verbesserung des materiellen Wohlstands gebracht, den Menschen jedoch nie aus seinem seelischen Unglück erlöst.** Kontrastierend zu anderen Religionen haben die Bahà'í moderne Auffassungen, wie beispielsweise, dass die Wissenschaft als notwendiger Gegenpol zur Religion verstanden wird, jeder Mensch gleichberechtigt ist, alle Religionen auf dieselbe spirituelle Kraft verweisen, worauf auch Aldous Huxley schon in seiner *Perennial Philosophy* hinwies, der

Mensch sich aber trotz seiner Religion auf die eigene Wahrheitssuche begeben soll.

Das primäre Ziel der Bahà'i ist es, den Weltfrieden zu stiften: *„Es rühme sich nicht, wer sein Vaterland liebt, sondern wer die ganze Welt liebt. Die Erde ist nur ein Land, und alle Menschen sind seine Bürger"* (—Bahā'ullāh, Ährenlese, 117). Zur Erreichung werden die von Bahā'ullāh festgelegten Visionen eines zukünftigen Weltgemeinwesens angestrebt. Dazu zählen die Schaffung eines grenz- und nationalitäts-überschreitenden Sozialwesens sowie eine Weltwährung, eine internationale Exekutive und Streitmacht, die den Willen der Weltlegislative ausführt, ein Netzwerk weltweiter Kommunikation (vermutlich war schon damals das Internet gemeint), die Einführung einer weltweiten Zweitsprache zur Verständigung, ein einheitliches Maß-, Währungs- und Gewichtssystem, eine internationale und unabhängige Pressefreiheit, Schaffung wirtschaftlicher Hilfsmittel für alle Leidenden und das Ende der Zwietracht innerhalb der Religionen und der damit verbundene Kampf mit den modernen Naturwissenschaften. Die im 19. Jahrhundert recht akkurate und modern gefasste Problembeschreibung mit Lösungsansätzen lässt ein

Stück weit auf die von Bahā'ullāh verkündete Utopie des Gemeinwesens hoffen.[12]

Auch wenn ich Bahā'ullāh's Vorstellung einer Welt, die lebt wie eine riesige Familie in einer einheitlichen Gemeinschaft sehr schätze, so erscheint mir die Umsetzung in unserer Zeit und auch in naher Zukunft als nicht realisierbar. Gerade aus dem Grund, dass wir auch heute noch mit unserem System am Kämpfen sind und keinen Ausweg aus der Verzweiflung sehen. Daher möchte ich nun einige achtsame und wohlwollende Kritikpunkte vortragen, die ich an dieser Verheißung als unzureichend befinde, auch wenn sich die Verheißung womöglich in ferner Zukunft (im nächsten Jahrtausend..?) als wahr erweisen könnte.

Die Vision entstammt der zweiten Hälfte des 19. Jahrhunderts, nachdem der Bab (arab.: „das Tor") Bahá'u'lláh's Verheißungen bereits 1844 den Weg geebnet hat. Seine Erkenntnisse richten sich an die Güte des Menschen, das Verlangen Zufriedenheit zu finden und den ewigen Frieden zu genießen. Von dieser Vorstellung ist die heutige Realität, wie bereits erläutert, weit entfernt. Neben den unzähligen illegalen Kriegen, die seit Anbeginn der Menschheit geführt und seit Gründung des Bahài´tum noch vielfältiger geworden sind (vgl. UN Charta Richtlinien), haben sich auch die sozialen, wirtschaftlichen und ökologischen Probleme verschärft. Jeder der gesellschaftskritischen Aufklärer der letzten 150 Jahre wie etwa Rudolf Steiner, Karl Marx und Aldous Huxley ist in weitesten Teilen ignoriert und belächelt worden, anstatt für die Werke und Taten gefeiert. Oder aber diese Menschen sind in ihren Grundaussagen missverstanden worden. Ähnlich war es immer auch zu den Zeiten der Propheten, denen nachgesagt wurde, den Frieden auf Erden zu bringen. Während einige Anhänger den Geboten der Heilsbringer gefolgt sind, hat der Großteil der Menschen doch immer der Gewohnheit und dem sozialen Zwang den Vorlauf gegeben. **Metaphorisch gesehen war es seit dem Beginn der intellektuellen Menschheitsgeschichte so, als würden die verheißenen Propheten den Menschen einen Spiegel vor das Gesicht halten, aber anstatt, dass die Menschen erkennen, dass es sich um einen Spiegel handelt, waren sie nur fasziniert von dem eigenen Spiegelbild** (sinnbildlich dem Ego). Dieses Urproblem der fehlenden Selbsterkenntnis zur Erlangung universeller Weisheiten über die Liebe, das Bewusstsein, die Tugenden und die

Gesetzmäßigkeiten dieser Welt habe ich bereits ausführlich in meinem ersten Werk „*Odyssee im 21. Jahrhundert - über die Liebe als Quelle wahrer Zufriedenheit und Gesundheit im Leben*" behandelt. Auf die Tugendhaftigkeit zur Aufrechterhaltung der Gemeinschaft werden wir im späteren Verlauf noch einmal kurz zu sprechen kommen (vgl. S. 31).

Während Bahá'u'lláh den Menschen, die an die Liebe glaubten, eine verwirklichbare Utopie in Aussicht stellte, kümmerten sich die Idioten (griech. von Idiotes: Privatperson, Bürger) nur um die Verwirklichung ihrer eigenen, aussichtslosen und zwanghaften Ideologien, ohne ein Verständnis dafür zu besitzen, wie die Welt in ihren geistigen Grundzügen funktioniert. **Solange die Erkenntnis über die Einfachheit dieser Welt, die Selbstähnlichkeit der inneren und äußeren Welt nicht in den Geist der Menschen zurückgekehrt ist, solange die Sprachverwirrung weiter zunimmt und das Wissen um wirkliche Weisheit und Spiritualität abnimmt, solange wird die Vision der Bahai auch nur eine Utopie bleiben.** Anstatt sich weiterhin an ein erkennbar hierarchisches und autoritäres System zu klammern, das seit mehreren Tausend Jahren erkennbar zu keiner Lösung führt, müssen übergangsweise, bis die Mitspieler des Systems zur Einsicht gelangt sind, dass der liebevolle Umgang mit sich selbst und anderen der einzige Weg ist, um Zufriedenheit zu finden, alternative Lösungen gefunden werden. Diese Problemlösung gesellschaftlicher Missstände muss in erster Linie die Verbindung zum höheren Selbst erfolgen, mit dem Ziel, die eigene Spiritualität wiederherzustellen und dann in der Folge die Liebe in die Welt tragen zu können. Veränderung kann nur auf einem schöpferischen, liebevollen Akt beruhen. Jegliche auf dem rein rationalen oder rein emotionalen Geist beruhende, unausgeglichene Handlung kann nur schädliche Folgen für die aus derselben Natur entspringenden Lebewesen dieses Planeten haben. Jeder ist in der Verantwortung, mit sich selbst ins Reine zu kommen, um der Schöpfung ihren natürlichen Verlauf zu ermöglichen.

Nun, da wir ausführlich über die Ausgangssituation gesprochen haben, wollen wir auf den gesellschaftlichen Wandel zu sprechen kommen, den ich bereits erwähnt habe und der sich in den nächsten Jahrzehnten und Jahrhunderten vollziehen muss. Wenn ich hier von „muss" spreche, meine ich damit zum einen den Zugzwang, der sich dadurch offenbart, dass der Mensch sich kollektiv selbstzerstörerisch verhält. Wie bereits ausgeführt, zerstört der Mensch die Erde aufgrund seiner fehlenden spirituellen Entwicklung. Dieses Argument wurde bereits vielfach als tiefenökologisches Problem aufgegriffen oder anders formuliert als Zusammenhang zwischen dem Bewusstsein und der Ökologie. Zum anderen spreche ich von „muss" im Sinne eines höheren Ziels zur Weiterentwicklung der Menschheit. Der Mensch kann nicht für immer auf seiner primitiven materialistischen Stufe stehen bleiben. Um zum *telos* (griech.: Ziel) der Selbstverwirklichung zu gelangen, ist die kollektive Verantwortung notwendig. **Aber auch die kollektive Verantwortung kann nur dadurch erreicht werden, dass jeder Mensch ganz individuell für sich selbst einsteht.** Um den gesellschaftlichen Wandel zu skizzieren, möchte ich also beim Menschen selbst beginnen.

„SEI DU SELBST DIE VERÄNDERUNG, DIE DU DIR WÜNSCHST FÜR DIESE WELT." – MAHATMA GHANDI

Gesellschaftlicher Wandel

Der Grund für das Zusammenleben ist uns Menschen in die Wiege gelegt. Durch die Fähigkeit des Menschen, sich in alles Mögliche spezialisieren zu können, gibt es nahezu unbegrenzte Möglichkeiten, der Kreativität in dieser Welt Ausdruck zu verleihen. Kreativität kann allerdings nur gelebt werden, wenn der Mensch sich aus seiner *Zwangsrolle* löst, die er in der Gesellschaft angenommen hat. Der Zwang, einzig dem Leistungsdruck in der Gruppe gerecht zu werden und sonst keiner höheren Aufgabe verpflichtet zu sein, schafft eine Abwärtsspirale der Unterdrückung und Ausbeutung, aus der sich besonders Arbeiter nahe der Armut nicht befreien können. Dafür ist die Angst vor der Einsamkeit und der Verbannung aus der Gruppe zu groß. Die Ausbeutung der Arbeitskraft (heute spricht man bereits vom Begriff des Humankapitals) innerhalb bestehender Gesellschaften schafft eine äußere Illusion der Verbundenheit. **Im Inneren herrscht jedoch die Einsamkeit, denn die Isolation und Loslösung von spirituellen Wurzeln begrenzt auch die Freundschaft und den liebevollen Umgang mit Mitmenschen auf materielle Weise.**

Dieses Problem wurde bereits von Denkern wie Ken Wilber beleuchtet und im Quadranten-Modell eingehender dargestellt. Kurzum: Die Wirklichkeit lässt sich aus der Perspektive von innen oder außen betrachten und vom Standpunkt des Individuums oder des Kollektivs. Daraus entstehen vier Quadranten, der intentionale (innerlich, individuell), der kulturelle (innerlich, kollektiv), der verhaltensbezogene (äußerlich, individuell) und der soziale (äußerlich, kollektiv). Die Entwicklung der letzten Jahrzehnte und Jahrhunderte offenbart nach Wilber eine Verwesung der gesamten Inneren Sphäre, insbesondere jedoch der individuell-inneren Sphäre. Die Gesellschaft in der Postmoderne scheint sich mehr für die kollektiven Fragen zu interessieren und blendet demnach das Individuum und seine Bedürfnisse fast vollständig aus. Ein Beispiel: Nicht selten erleben Menschen, dass ihre Meinung als „subjektiv" abgestempelt wird und damit nichts wert ist, weil es im Gegensatz zur allgemeingültigen Wissenschaft steht. Ein weiteres Beispiel: Insbesondere in Deutschland ist kaum noch Kultur vorhanden, dies hat der Integrationsbeauftragte der Bundesregierung Aydan Özoguz deutlich gemacht: *„Eine spezifisch deutsche Kultur ist, jenseits der Sprache, schlicht nicht identifizierbar."*[13]

Demgegenüber blüht die Politik der Sozialsysteme, der deutsche Bürger, so scheint es, kommt kaum ohne seine Rentenversicherung, Krankenversicherung, Kfz-Haftpflichtversicherung oder sein Arbeitslosengeld aus. Aber nicht nur die obligatorischen Sozialsysteme haben Hochkonjunktur, insbesondere auch die freiwilligen Sozialversicherungen sind gefragter denn je. Hier schlägt der „äußere Quadrant" ganz eindeutig den „inneren Quadranten". Zur Veranschaulichung füge ich eine einfache Darstellung des Quadranten-Modells ein:

Quadranten-Modell
nach Ken Wilber

	Innen	Außen
Individuell	Gedanken Emotionen Werte Würde intentional	Verhalten Fähigkeiten Körper Aussehen verhaltens-bezogen
Kollektiv	kulturell Traditionen Zugehörigkeit Normen Sprache	sozial Systeme Produkte Gesetze Technologien

Abbildung: Das Quadranten-Modell in der Integralen Theorie nach Ken Wilber. Jeder Quadrant stellt dabei eine Perspektive der Wirklichkeit dar.

Wie bereits erwähnt, ist über die letzten Jahrhunderte (vielleicht sogar Jahrtausende) die intentionale Ebene gegenüber der sozialen Ebene verkümmert. Natürlich gibt es auch in dieser Theorie Schwachstellen, aber insgesamt erschließt sich dieser Gedanke recht schnell und eindeutig. Lass uns nun einmal näher auf die intentionale Ebene eingehen, sodass wir die Bedürfnisse des Menschen besser verstehen können.

Die Natur macht es uns vor: Jedes Tier, so auch der Mensch, übernimmt automatisch bestimmte Werte, Normen und Verhaltensmuster durch das im Körper angelegte Netzwerk an Spiegelneuronen. Spiegelneuronen sind der Wissenschaft gut bekannt und werden für das Lernverhalten als grundlegend anerkannt, da sie jedem Lebewesen auf einfachste Art das Überleben ermöglichen. Jedes Kind wird sich bei den Eltern abgucken, wie es mit der Umwelt umgeht, dazu ist kein „erwachtes" Bewusstsein nötig. Im späteren Verlauf des Lebens verschiebt sich die Wahrnehmung auf die äußeren sozialen Kontakte außerhalb der Familie, sodass die Verhaltensweisen der Gruppe ebenfalls (vorerst) kopiert werden. Erst durch die Bewusstwerdung; der Identifizierung mit dem rationalen Verstand und der Möglichkeit zur kritischen Reflexion; durch die Enttäuschung der geglaubten Sicherheit und Konfrontation mit dem Tod beginnt das bewusste Hinterfragen dieser unbewusst erlernten Glaubenssätze.[14]

Richard Dawkins beschreibt Glaubenssätze als Gene des Geistes, die versuchen, sich zu replizieren und um ihr Überleben zu kämpfen - daher auch der passende Name Mem (engl. mimetics: Nachahmung, anlehnend an das Gen, Erbgut des Menschen). Dabei dient jedes Mem in erster Linie der Anpassungsfähigkeit des Organismus zum eigenen Überleben in der Gruppe. Kommt der Lernende mit den eigenen Unzulänglichkeiten und Fehlern in Kontakt, die ihm seine Unvollständigkeit aufzeigen, so wird er, getrieben von seinem Bedürfnis nach Anerkennung und Liebe, versuchen, diese Fehler zu verstecken, zu ignorieren oder wenn gewusst wie auszubessern.

Ein Kind, das noch vollständig in der Unbewusstheit über das eigene Selbst lebt, hat kein Interesse daran, sich das eigene Unvermögen zu beweisen. Vielmehr wird es das tun, was zum Wohle aller, aber vorrangig dem eigenen Überleben dient. Das Überleben kann am effizientesten gesichert werden, wenn selbstsändig eine Gruppenharmonie geschaffen wird. **Hierzu wurden in den letzten Jahrzehnten immer mehr wissenschaftliche Arbeiten angefertigt, die beweisen, dass eine Gruppe von Menschen immer sinnvollere Entscheidungen trifft als der einzelne Mensch.**[15] So, wie auch die Ameise, die Biene und jedes andere Tier im Stamm kommuniziert, um die Bedürfnisse optimal zu befriedigen, kann auch der Mensch als Organ eines arbeitsteiligen und sich selbst befruchtenden Organismus funktionieren. Sinnbildlich richtet sich der Mensch damit nach seinem eigenen Abbild, seinem Körper, der ebenfalls hoch spezialisierte Organe und Zellen aufweist, die in ihrer Funktion zum optimalen Überleben zusammenarbeiten. Dieses sich gegenseitige Befruchten und Bereichern ist ein notwendiger Schritt der Natur und ein natürlicher Vorgang, um die Fortsetzung von Leben zu ermöglichen. *„Nur das Leben kann dem Leben geben."* Auf die langfristige Rebellion gegenüber dem Leben kann nur der Tod folgen (wie bei Krebszellen).

Dem Kind fehlt noch die Kontrolle über die eigenen Emotionen, sodass es keinerlei Identifizierung mit dem Verstand, so auch nicht mit dem Ego besitzt, denn Scham und Schuld kennt das Kind nicht. Durch das Bewusstwerden innerhalb der Gruppe mit den verschiedensten Glaubenssätzen und Dynamiken erfährt das erwachende Bewusstsein mit seinem Liebesbedürfnis dann einen Drang, etwas dafür tun zu müssen, um zurück in die ursprüngliche Leichtigkeit und Vollkommenheit zu finden, die außerhalb des Verstandes und im Leben selbst liegt. Erst die Realisierung, wann auch immer sie im Leben geschehen mag, dass die äußere Welt niemals eine dauerhafte Befriedigung für die eigenen Wünsche und Sehnsüchte bieten kann, führt zum Anstoß der spirituellen Entwicklung und ganzheitlichen Individualität. Auf dieser Reise von der Vollständigkeit (kindliches, emotionales) in die Unvollständigkeit (erwachsenes, rationales), um anschließend wieder in die Vollständigkeit (reifes, spirituelles) zu gelangen, muss das Kind (1) sein anerzogenes Ego (2) vollständig überwinden, um zurück zu seinem Wesen (3) zu finden. Besonders deutlich findet sich diese Deutung auch in der Zahlenmystik durch die Rückführung der 1 über die 2 zur 3. Auch in der Natur findet sich die Zahl 3 als Verkörperung der Harmonie zwischen zwei Extrema. Alle Probleme der Gesellschaft sind auf das Problem mangelnder Liebe und Fürsorge im Leben zurückzuführen, die dann in der eigenen Überzeugung enden, der Mangel könne nur durch einen Ausgleich äußerlicher Faktoren wie etwa dem Leistungsdruck, ausgeglichen werden können. **Der äußere Quadrant bietet somit die Möglichkeit, sich von dem Glauben an die eigene Unzulänglichkeit zu befreien.** Die reine Leistung ist aber nur auf den eigenen Vorteil bedacht, nicht auf die Harmonie, der natürlich effizientesten Lebensform. Jede Religion zeigt genau dieses Problem in unterschiedlichen Metaphern auf, wie etwa das Christentum durch *den Sündenfall*, der Hinduismus durch die Geschichte *des Versteckenspielens Brahmans vor Maya*, die griechische Mythologie durch den *Kampf der Götter gegen die Titanen*, die ägyptische Mythologie durch *den Osiris-Mythos* oder den *Verlust des Horus Auge*.

Somit haben wir auch den Grund dafür gefunden, wieso das aktuelle politische System des 21. Jahrhunderts unzulänglich ist. Die Möglichkeit (und Verwirklichung!) krimineller Ausbeutung und Unterdrückung von Personen (griech. Persona: Maske, Schauspieler) ist nur deshalb möglich, weil es keine ausreichende spirituelle Entwicklung und Führung gibt. Damit einher geht die fehlende Individualität und

Kreativität bei Kindern zur Erlangung von Zufriedenheit und Gesundheit durch das Gefühl spiritueller Selbstliebe und darauffolgender Nächstenliebe. Wir sind inzwischen sogar schon in einer solch perversen Situation, dass wir jegliche spirituelle Führung durch unsere Geschichte abwehren; im Sinne der modernen Naturwissenschaft, die vehement versucht, Gott zu widerlegen; oder missbrauchen, wie im Fall der katholischen Kirche, mit ihren Methoden des Ablasshandels, der Hexenverbrennung oder der Kinderschändung. Ein weiteres modernes Beispiel, wie etwa das Massaker von Jonesstown (1978) zeigt die Kraft, die eine Ideologie auf uns ausüben kann.

Der innere Quadrant muss unbedingt gefördert werden! Der Mensch muss selbstsändig denken und handeln können, er muss in gewisser Weise autonom werden. Erst ein System, welches den Menschen so sein lässt, wie er in seinem *Urzustand* zu sein vermag, in der er also einer Arbeit nachgehen kann, für die er Leidenschaft, Talent und Interesse besitzt, in der er sich individuell einbringen kann und will, führt zu einer langfristigen Aufrechterhaltung einer spirituellen und arbeitsteiligen Gruppe, ohne diese zu schädigen. Diese Ausgangssituation, die

die Notwendigkeit einer Entwicklung in Richtung der Liebe und Fürsorge als Mutter aller Religionen darlegt, dient nun zur Konzeption einer neuen und doch altbewährten Gesellschaftsstruktur, die jedoch mit den bisherigen bekannten Modellen vollständig unterschiedlich ist.

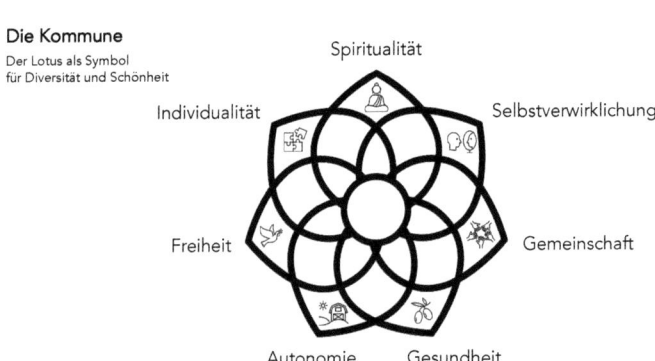

Die Kommune
Der Lotus als Symbol
für Diversität und Schönheit

Spiritualität

Individualität

Selbstverwirklichung

Freiheit

Gemeinschaft

Autonomie   Gesundheit

Abbildung: Die Bedeutung des Lotus liegt in seiner Vielfältigkeit. Den Lotus gibt es in verschiedenen Farben (weiß, lila, blau, rosa, rot), welche kulturell bedingt unterschiedlich gedeutet werden. Darum ist der Lotus auch ein perfektes Sinnbild für die Kommune. Jede Kommune ist anders und legt ihre Werte selbst fest. Allen Kommunen ist jedoch gleich, dass sie den Menschen in seiner spirituellen Entwicklung fördern sollen. Und dazu zählen insbesondere die oben aufgeführten Werte Individualität, Freiheit, Autonomie, Gesundheit, Gemeinschaft und Selbstverwirklichung. Eine weitere passende Analogie zur Kommune bietet der Lotuseffekt. Dieser beschreibt, dass Oberflächen sich selbst durch die geringe Benetzbarkeit von Schmutz befreien können. So sollte es sich auch mit der Kommune verhalten: Der äußere Druck und die äußeren Belastungen sollten durch die innere Harmonie und Dynamik einfach von der Kommune abperlen können. Der Lotus ist somit auch Sinnbild für die Resilienz der Kommune.

Ich bin mir dessen bewusst, dass die Kommune keine Utopie bieten wird, die dem Menschen ewige Glückseligkeit bieten kann. Aber ich glaube daran, dass dieses Gesellschaftsmodell anders als die meisten anderen Formen des Zusammenlebens nicht zum Scheitern verurteilt ist, sondern sich nachhaltig etablieren kann.

Im nächsten Kapitel wollen wir uns näher mit dem Bezug der Philosophie zur Gesellschaft und zur Kommune befassen.

Visionen einer Gemeinschaft

„ES SAGTE EIN PHILOSOPH ZU EINEM STRA-
SSENFEGER: ICH BEDAURE DICH. HART
UND SCHMUTZIG IST DEIN TAGEWERK.
UND DER STRASSENFEGER SAGTE: VIELEN
DANK, HERR. ABER SAGE MIR, WAS FÜR
EINE ARBEIT HAST DU? UND DER PHILO-
SOPH ANTWORTETE: ICH STUDIERE DES
MENSCHEN GEIST, SEINE TATEN UND SEIN
VERLANGEN. DA FUHR DER STRASSENFE-
GER FORT, ZU FEGEN, UND SAGTE MIT EI-
NEM LÄCHELN: ICH BEDAURE DICH AUCH."
—KHALIL GIBRAN

So sehr ich auch die Philosophie liebe und sie als einen wichtigen Teil meines Lebens erachte, so bin ich
mir auch im Klaren darüber, dass die Disziplin im politischen Handlungsfeld keine Lösungen schaffen
kann. Das vorrangige Ziel der Philosophie ist es,
sprachliche Verbindungen zwischen Elementen des
Innen- und Außenlebens herzustellen, um ein logi-
sches Bild von der Wirklichkeit zu ermöglichen.
Überall dort, wo die sprachliche Logik versagt, sprich
im Irrationalen (Emotionalen) und in ihrer eigenen

grammatikalischen Begrenzung (für manche Dinge gibt es weder Wörter noch passende Beschreibungen, sondern nur Erfahrungen, wie beispielsweise bei den Begriffen Gott, Liebe, Orgasmus oder Bewusstsein), findet sie keine Lösungen. Sie kann also lediglich Metaphern zur Aufarbeitung bekannter Phänomene bieten. Alles, was sich dem Bekannten entzieht, ist der Spekulation unterworfen. Diese Grundannahme, welche auch Platon in seinen freien Künsten beschrieb, habe ich in meinem ersten Werk (Odyssee im 21. Jahrhundert) als Relationsprinzip der Sprache bezeichnet und wie folgt erklärt:

„Alles, was wir denken können, muss immer Bezug auf unsere Außenwelt haben. Sprache setzt somit als Kommunikationsmittel immer einen eindeutigen Bezug zwischen verschiedenen Wörtern voraus. Besonders deutlich wird es, wenn man die Bedeutung der Wörter Sinn und unsere fünf Sinne(sorgane) oder auch Stimme und Stimmung vergleicht. Dieses (von mir als) «Relationsprinzip der Sprache» bezeichnete Phänomen zeigt auf, dass Sprache immer nur durch Metaphern und Gleichnisse funktioniert. Ganz wichtig zu verstehen: Schwierig wird es, sobald Metaphern als allgemeingültig aufgefasst werden. Wer

unterschiedliche Metaphern und Gleichnisse gelernt hat, bei dem führt die Kommunikation automatisch zum Diskurs über die Objektivität. Der Kommunikationspartner hat während seiner Erziehung eine andere Umwelt erlebt, und kann nicht auf die jeweilige Situation genau gleich angepasst sein. Eine Allgemeingültigkeit ist (durch Sprache) praktisch ausgeschlossen."[16]

Im Sinne der allgemeinen Überprüfbarkeit kann die Philosophie in dem emotional aufgeladenen Spannungsfeld der Politik nicht weiterhelfen. Vielmehr kann Sie erst dann richtig angewandt werden, sobald die Menschheit eine emotionale und rationale Ausgeglichenheit erlangt hat und tolerant über die gelernten Metaphern wird. Wer beispielsweise nicht versteht, dass der Islam *den heiligen Kampf* als Metapher zur Aufforderung des inneren Lernens auffasst, sondern ihn als tatsächlich äußerlich auszuführenden Kampf versteht, der erkennt nicht seine eigene Begrenzung durch die Metaphorik (*Relationsprinzip der Sprache*). Metaphorik selbst bedeutet somit in meinem Kontext die Schaffung von Toleranz. Erst die Toleranz ermöglicht einen Konsens verschiedener Gleichnisse über dasselbe Prinzip. Und selbst die Toleranz ist nur eine Metapher, ein Sinnbild. Denn alles unterliegt nur dem höchsten Prinzip („*Gott*"), für das wir keinen Begriff und somit auch keine Metapher kennen. Hier versagt die menschliche Vorstellungskraft. Die Philosophie kann zwar versuchen, immer neue Metaphern zu schaffen, allerdings wird durch die Sprache lediglich eine neue Auslegung geschaffen, eine neue Perspektive auf dasselbe bereits bekannte Phänomen. Die Beschreibung des Phänomens selbst sollte jedoch nur zur Annäherung ihrer Gestalt führen, nicht zu ihrer objektiven Deutung. Denn die Lösung liegt nicht nur im erstrebenswerten Appell, der idealistischen Auslegung ihrer Gestalt, sondern auch in der realistischen Handlung, der pragmatischen Seite ihrer Gestalt, ob Liebe, Gott, Bewusstsein oder wie man es nennen mag. Nach jenem Prinzip sollte jedes Ziel ausgerichtet sein, so auch das von mir nun auf die Praxis ausgerichtete Modell. Diese vorgestellte Gesellschaftsform sollte möglichst unabhängig von philosophischen Theorien und Konzepten sein, wie sie in den letzten Jahrhunderten von vermeintlichen Aufklärern erarbeitet wurden. **Sie sollte vielmehr auf den erfahrbaren Gesetzmäßigkeiten der Innen- und Außenwelt beruhen und verständlich gemacht werden.** Hierzu ist es hilfreich, das erklärte Relativitätsprinzip der Sprache und die Bedeutung der Metaphorik zu verstehen. Ich bitte also um weitere Recherche und Überprüfung meiner Thesen. Als Bedingung für den weiteren Verlauf und die Erläuterung des Gesellschaftsmodells werden nun im nächsten Kapitel die Gesetzmäßigkeiten (Hermetischen Gesetze) als Ausgangspunkt für unsere persönliche Wahrnehmung definiert. Und wer seine eigene Wahrnehmung versteht, der kann auch erkennen, wie er leben möchte.

Gesetzmäßigkeiten zur Überprüfung

Ein Gesetz ist ein Gesetz, weil es überall und zu jedem Zeitpunkt erfahrbar ist. **Dadurch, dass es keine Ausnahme gibt, muss es in unserer Wirklichkeit als gesetzt gelten.** Die uns in der Physik bekannte Kausalität des Lebens, dass jede Folge auf eine Ursache zurückzuführen ist, ist ein Beispiel für diese Aussage. Wenn man diesen Gedanken nun weiterspinnt, so bilden sich anhand der Erfahrung bestimmter Gesetzmäßigkeiten einige grundlegende Eigenschaften der Wirklichkeit heraus. Alles, was außerhalb der natürlichen Gesetzmäßigkeiten liegt, kann als variabel und interpretierbar angesehen werden. Das ist es auch, was die Wissenschaft heute macht: Korrelationen bilden. Die wenigsten Wissenschaftler kümmern sich noch um fest definierbare Gesetzmäßigkeiten. Nur die Gesetze selbst sind fest für uns erfahrbar, können zwar in unterschiedlichem Wortlaut beschrieben, aber nicht verändert werden. Die Gesetze, die ich nun zu beschreiben versuche, sind in ihren Ursprüngen auch als *Hermetische Gesetze* bekannt, die von Hermes Trismegistos auf der Tabula Smaragdina überliefert wurden. Notwendigerweise möchte ich auf die hermetischen Gesetze eingehen, eine ausführlichere Beschreibung findet sich hingegen in meinem Buch Odyssee im 21. Jahrhundert. Alle Gesetzmäßigkeiten bauen chronologisch aufeinander auf und sind für die weitere Überprüfbarkeit meines Werkes unerlässlich.

Erstes Gesetz - Schöpfung

Bevor es das Ursache-Wirkung Prinzip gab, muss es eine Quelle gegeben haben, die Ursache und Wirkung erschaffen hat. Die Theorie, dass das Universum sich selbst erschaffen habe, ist ein Verstoß gegen die Kausalität selbst (wo soll der Übergang gewesen sein von nichts zur ersten Ursache?). Vielmehr muss der Schöpfer als Ursache die erste Wirkung ermöglicht haben, sodass letztlich dann auch Karma bzw. Ursache-Wirkung entsteht. Wie soll in unserer Welt ein technisches Gerät entstehen, ohne, dass ein Mensch die nötige Hardware und Software dazu entwickelt? Wir können uns das Design unserer heutigen Realität somit nur logisch erklären, wenn wir den Faktor des Glaubens (im Sinne des Vertrauens) hinzunehmen, dass es etwas Höheres gegeben haben muss, ob man es nun Liebe, Bewusstsein oder Gott nennen möchte, das etwas erschaffen kann. Wie der Logiker Kurt Gödel schon herausfand, ist jedes logische System an einem Punkt unschlüssig und schließt somit die Möglichkeit festen, bewiesenen Wissens ohne den Glauben aus.[17] Eine Schöpfung und jedes andere logische System kann nur durch den Glauben sinnvoll erschlossen werden - damit ist nicht ausgenommen, dass der Schöpfer selbst Teil seiner Schöpfung sein kann. Je ausführlicher man sich mit spirituellen Erkenntnissen beschäftigt, desto mehr bestärkt man seinen Glauben an das Bewusstsein („*Gott*") als Urphänomen, denn es spiegelt sich in allen weiteren Eigenschaften dieser Realität durch eine höhere Dimension wieder. Das Fachwort hierfür ist Fraktal. In einer 3-dimensionalen Welt spiegeln sich alle Eigenschaften der 2-dimensionalen Welt wieder (Höhe & Breite), nur durch eine zusätzliche Ebene (Länge) wird eine neue Anordnung möglich. So könnte es auch mit dem Verhältnis aus Sicht einer 4-dimensionalen Welt zu einer 3-dimensionalen Welt sein. Das Urprinzip könnte somit aus einer höheren Perspektive (Dimension) auf uns blicken und uns gleichzeitig durchdringen.

Zweites Gesetz - Dualität

Um die Schöpfung zu ermöglichen, sind Kontraste notwendig. Ob oben oder unten, Westen oder Osten, Mann und Frau, Liebe und Hass, Tag und Nacht, hart und weich, warm und kalt, Gott und Teufel, Anode und Katode oder Emotion und Rationalität - die Bedingung für den freien Willen ist die Auswahlmöglichkeit. So kann jedes Wachstum immer nur durch Rückgang geschehen und das Lernen auch nur durch Fehler. Wären diese beiden Gegensätze nicht vorhanden, so gäbe es auch keine Zeit und keinen Raum. Alles muss dieser natürlichen Zweitaktung folgen (pulsieren). So pulsiert auch unsere Nervenflüssigkeit und unser Herzschlag erfolgt nach dem Muster einer Sinuskurve. Was sich nicht bewegt, das existiert nicht – ein Sprichwort lautet: *„Wer rastet, der rostet."* Darin inbegriffen ist auch die von der Wissenschaft als unbelebt bezeichnete Materie. Nur weil die Bewegung zeitlich verzögert ist, heißt nicht, dass sie nicht vorhanden ist. Innerhalb von vielen Jahrtausenden kann sich so auch ein Berg in Sand verwandeln. **Alles, was existiert, schwingt und ist der zeitlichen Veränderung und Polarität unterworfen.**

Drittes Gesetz - Schwingung

Um einen Übergang zwischen den beiden Kontrasten, *der Dualität aus relativer Fülle und relativer Leere* zu ermöglichen, ist eine dritte Instanz nötig, die als Vermittler fungiert. Sinnbildlich können wir uns hierfür eine Schwingung vorstellen. Alles im Leben schwingt, wie wir erläutert haben, aber eben nur dadurch, dass eine nicht materielle, spirituelle Übertragung den *„Streit"* zwischen den Kontrasten schlichtet bzw. die vorhandene Dissonanz erkennt und behebt. Diese *goldene Mitte*, die sich nicht nur in Pythagoras Dreiecken ($a^2+b^2=c^2$) wiederfindet, sondern in allen natürlichen Formen (*Goldener Schnitt, Fibonacci Zahlen, Fraktale*) können wir als goldene Mitte bezeichnen. **Ausnahmslos alles besteht aus Schwingung: Licht, Schallwellen, Strahlung, Geruch, selbst feste Materie, wie wir inzwischen durch die Quantenphysik wissen.** Der Unterschied liegt in der Wellenlänge - durch sie werden verschiedene Eigenschaften (hohe und niedrige Frequenzen, Harmonie und Chaos; nach Dr. Joe Dispenza auch im Herzen und im Gehirn als Kohärenz zu finden) möglich.[18] Um die goldene Mitte des Lebens zu finden, ist die richtige Wellenlänge notwendig - nur so können die Kontraste aus Gut und Böse, aus Himmel und Hölle wieder zu ihrem notwendigen ursprünglichen Ausgleich finden. Ein letztes Beispiel: Wenn Buddha von Nirwana (was christlich dem Himmel ähnelt) spricht, dann meint er damit die Integration von Sansara (Hölle) in Nirwana (Himmel), nicht den Ausschluss davon wie im Christentum. Im Christentum sind Himmel und Hölle zwei getrennte Orte. Eine Fehlannahme, wie uns das Gesetz der Schwingung aufzeigt.

Viertes Gesetz - Harmonie

Wieso sollte unsere Existenz auf den Ausgleich ausgerichtet sein, anstatt auf einzelne Kontraste? Die Antwort liegt in der Existenz des Lebens selbst. Denn das Leben findet weder im völligen Chaos statt, noch in der kompletten Ordnung. Leben ist komplex. Innerhalb dieser Komplexität entwickelt es sich ständig weiter und bildet immer höhere Wesensformen aus. Dies lässt sich auch anhand der Natur beobachten. Ein Tier würde nicht nur den effizientesten Weg gehen, um zu überleben und somit auch Schmerzen zu vermeiden, sondern ebenfalls im Bereich der Fort-pflanzung. Für den Menschen ist diese Erkenntnis unentbehrlich, denn erst so können Probleme behandelt, anstatt verdrängt zu werden. Weiterentwicklung bedeutet Toleranz - Toleranz bedeutet Problemlösung. Je einfacher die Lebensform, desto größer wirken zwar die Probleme, aber nur bedingt durch die eigene Perspektive. Im Grunde genommen sind Probleme relativ zum eigenen Horizont. Uns macht unser Verstand häufig Probleme, es stellt aber kein akutes Problem für uns dar, den Trieb zu unterdrücken und sich der Gemeinschaft zu widmen. Für das Tier hingegen schon. Für das Tier ist es kein Problem, sich akut auf die Suche nach Futter und Wasser zu machen, für die Pflanze schon. Für die Pflanze ist es kein Problem, sich akut zu reproduzieren, für das Mineral schon. Für das Mineral ist es kein Problem, akut zu wachsen, für den Stein schon. So hat jedes Lebewesen eigene überwindbare Probleme und trotzdem strebt es in Richtung der universellen Harmonie oder „*der Problemlösung*", wie Karl Popper es metaphorisch deuten würde. Denn langfristige Probleme (wie chronische Krankheiten) bedeuten den vorzeitigen Tod. *Und alles Leben will (Über)Leben.* Auch das ist ein Prinzip, das sich aus dem vierten Gesetz – der Harmonie – ableiten lässt. Daher muss der Mensch auch jeden Gedanken denken und jede Emotion fühlen, um zum höchsten geistigen Gefühl zu gelangen: Der geistigen Akzeptanz von Problemen durch die Harmonie mit sich selbst. Wer die Harmonie des Lebens erkennt, der ist unweit von der versprochenen Erleuchtung.

Fünftes Gesetz - Ursache & Wirkung

Wie bereits angedeutet, ist unsere Existenz und auch die Erschaffung der Schöpfung nicht ohne Ursache-Wirkung bzw. *Karma* (hinduistisches Ursache- & Wirkungsprinzip) möglich. Alles folgt auf materieller Ebene zeitlich linear nacheinander. Selbst auf geistiger Ebene ist dies der Fall, doch besteht in der Chronologie ein Unterschied: Die Ursache liegt in der Zukunft und die Wirkung in der Vergangenheit. Man stelle sich vor, dass der Mensch ein Bedürfnis nach Sonnenlicht verspürt. Das Bedürfnis reicht aus der Zukunft in die Gegenwart, um den Menschen zu animieren. Wiederum ist die rein materielle Handlung chronologisch umgekehrt. Die Bewegung entsteht aus der Vergangenheit und reicht in die Zukunft.

Auch Aristoteles kam zu dieser Einsicht und zur Unterscheidung in vier Ursachen (hier aufgeführt nur zwei, *causa materialis* und *causa efficiens*): *„So ist des Spazierengehens Ursache die Gesundheit; denn auf die Frage: Warum geht er spazieren? antworten wir, um gesund zu werden, und glauben hiermit die Ursache angegeben zu haben (Aristoteles: Physik II, 3)".* Gott als *causa prima*, als erster Grund, muss bei seiner Allmächtigkeit alle Ursachen in sich beinhalten und wirkt dadurch nicht nur aus der Vergangenheit aus uns, sondern auch durch die Zukunft. Gott (oder auch Liebe, Bewusstsein) ist somit sowohl Heilmittel als auch Krankheit. Der Mensch als Mittel zwischen Ursache und Wirkung kann als Entscheider zwischen beiden Möglichkeiten auswählen. Er unterliegt der Ursache-Wirkung, kann sich ihrer aber frei bedienen. Alle in der Welt auftretenden Probleme geistiger und materieller Art sind ein Resultat der eigenen Unausgeglichenheit. Damit ist Karma nichts anderes als ein universeller Lernprozess, der jedem Lebewesen seine Unwissenheit (Ignoranz) aufzeigt und es zu seinem eigenen Gleichgewicht führt.

Sechstes Gesetz - Resonanz

Die Resonanz zeigt auf, wie Karma funktioniert - wie ein Spiegel. Denn die Trennung zwischen Innen- und Außenwelt ist nur eine Illusion. So sagen es die Esoteriker seit Tausenden von Jahren: Erkennen wir nicht unser wahres Gesicht, so erkennen wir uns auch nicht in der Welt. Konkret bedeutet das: *Gleiches zieht Gleiches* an. Werden wir Hass säen, werden wir Hass ernten. Freundliche Taten hinterlassen ebenfalls ihre Spuren. Die Manifestation dessen findet jedoch nicht sofort statt, denn der Geist hat eine chronische Wirkung auf die Materie, die Materie wiederum eine akute Wirkung auf den Geist. Dies dient unter anderem dem Schutz: Eine Welt, in der wir uns einen Elefanten vorstellen könnten, der sofort erscheint, ist nicht realisierbar. Denn mit den geistigen Fähigkeiten muss erst der Umgang gelernt werden. So wie man auch einem kleinen Kind erst den Umgang mit einem spitzen Messer beibringen muss. Alles, was uns verletzlich machen kann, muss gut behütet werden. Dennoch führt kein Weg an der Neuausrichtung der Gedankenwelt in Richtung der Liebe vorbei, wenn man denn die Zufriedenheit erfahren will, sodass auch die Verletzung selber notwendig ist, um zur Heilung zu finden. Wer sich in dem Gegenpol der Liebe, dem Hass ausleben will, dem ist auch hierzu die Möglichkeit gegeben, muss aber auch mit entsprechenden Konsequenzen rechnen. Die Resonanz kann nur durch unseren Wunsch des freien Willens im Geiste aufrechterhalten werden. Wer nicht den Drang nach Freiheit hat, in welcher Form auch immer, der wird depressiv und strebt dem Tod entgegen. Dasselbe gilt für denjenigen, der nicht akzeptieren kann, dass er von anderen abhängig ist. Das Entscheidende ist dabei wie immer die Perspektive: Durch die Dualität ist der Zwang immer auch in der Freiheit enthalten. Die Veränderung des Erlebens von den Dingen, die wir als Gut und Böse bezeichnen würden, das ist der wahre Wert des Lebens; zu erkennen, beide sind Teil derselben Münze. Auch Gefühle können nur in ihrer ganzen Bandbreite erlebt werden. Wer die Trauer nicht in sein Leben lässt, der wird auch keine Heiterkeit erleben.

Siebtes Gesetz - Entsprechung

Alle besprochenen Gesetze sind nur durch die Selbstähnlichkeit von Materie und Geist zu erklären. Wären Mikrokosmos und Makrokosmos nicht dasselbe, dann würde sich dieses Prinzip nicht ständig und überall zeigen und auch nicht mathematisch beweisen. Aber das tun sie sowohl durch die Fibonacci-Zahlen oder Fraktale - selbstähnliche Strukturen, die sich in der Natur finden lassen. Ein Beispiel ist das Romanesco-Gemüse, das selbst im kleinsten Detail noch das große Ganze zeigt. Ein anderes Beispiel sind die psychosomatischen Krankheiten, die als körperliche Verdichtungen geistiger Gedanken gelten. Auch das Netzwerk an Spiegelneuronen in unserem Körper, die simpelste Form des Lernens, wird nur durch die Entsprechung möglich. Die Entsprechung wird wiederum nur durch die Dualität möglich. Die Entsprechung lehrt somit, dass Leben nicht ohne die Dualität möglich ist und sich überall finden lässt, wenn man denn auf sie achtet. Und nicht nur das - ihre Schönheit lässt sich sogar nachempfinden: Der Kunstwissenschaft ist der *Goldene Schnitt* in seiner ästhetischen Wirkung auf den Menschen längst bekannt. Die erste Dokumentation über den Goldenen

Schnitt findet sich beim griechischen Mathematiker Euklid im Buch *Elemente*.[19]

Letztendlich entstehen aus all den genannten Eigenschaften die für uns erfahrbaren Prinzipien in unserer Welt. Einzelne Prinzipien wurden bereits in der Physik, Chemie und Biologie der letzten Jahrhunderte entdeckt und für die Menschheit zugänglich gemacht, ohne jedoch den notwendigen Gesamtkontext zu verstehen. Schaut man sich beispielsweise die Hauptsätze der Thermodynamik an, dann hört man *von Energie, dass sie wandelbar sei, aber nicht zerstörbar* oder von der Unmöglichkeit eines *perpetuum mobiles* (ein sich selbst erhaltendes System). Das kann man dann als Physiker, wenn man mag, durch mathematische Formeln verifizieren bzw. falsifizieren und so den quantitativen (materiellen) Wert errechnen, wirkliche geistige Bedeutung gibt uns dies jedoch nicht. Hierzu ist die gegenteilige Eigenschaft notwendig, die durch die Dualität entsteht: Der qualitative Wert. **Während der quantitative Wert starr ist und somit unveränderlich, ist der qualitative Wert je nach verwendeter Metaphorik interpretierbar.** Dies ist sehr einfach nachvollziehbar: Der quantitative Wert lehrt, wie viele Äpfel ich habe und wie ich mit ihnen operiere, während der qualitative Wert über die Bedeutung der Äpfel für mich selbst Auskunft gibt.

Um das Verständnis des geistigen Verhältnisses der Zahlen sind verschiedene mystische Schulen entstanden, die versucht haben, die Bedeutung im Alltag zu untersuchen - darunter die Kabbala, die Schule der alten Baumeister oder etwa die Schule von Pythagoras. Welche Bedeutung könnte die Zahl 3 haben, zeigt sie eine besondere Harmonie an oder Chaos? Wieso kommt sie besonders häufig in natürlichen geometrischen Strukturen vor und wirkt ästhetisch auf das menschliche Auge? Diese Fragen werden durch die Qualität erschließbar. Anknüpfend an die Thermodynamik lassen sich auch aus den dort formulierten Hauptsätzen nicht nur Rechenwege und Formeln ableiten, sondern eine im Alltag anwendbare Praxis, die zur Qualität des menschlichen Erlebens beiträgt. **Wenn ich also weiß, dass alles, was existiert, nicht zerstörbar ist, sondern nur wandelbar, so ist es auch mit Gefühlen, Gedanken und jeglichen geistig-psychologischen Faktoren, die den Menschen begleiten.** Auch das Leben an sich kann nicht ohne einen externen Faktor entstanden sein, einen primären Grund, denn ansonsten würde es gegen die uns allseits bekannten und anerkannten Hauptsätze der Thermodynamik verstoßen, welche sich auch in den sieben hermetischen Gesetzen widerspiegeln lassen.

Denn bedenke: Eben aufgrund des universellen Gesetzes der Dualität spiegelt sich die äußere Welt auch in der inneren Welt und somit kann nichts verloren gehen. **Alles bleibt erhalten, denn das Abbild, welches gespiegelt wird, ist stets vorhanden, wird dabei nur aus einer anderen Perspektive, einem anderen Spiegelbild betrachtet.** Wenn du diese Aussage richtig verstanden hast, dann erkennst du auch, dass jeder Mensch, der dir begegnet, nicht mehr und nicht weniger als dein Spiegelbild ist. Damit ist auch die Frage nach Materialismus oder Spiritualität hinfällig, denn obwohl beide Disziplinen auf den ersten Blick getrennt erscheinen, so existieren sie beide ineinander und miteinander. Ein ganzheitliches Weltbild kann nur durch die Ergänzung spiritueller und materieller Werte entstehen. Wer dies nicht versteht, der hat sich noch nie mit dem Thema Mystik oder Hermetik beschäftigt. Um sich nun auf eine höhere Perspektive zu begeben, ist es zweifelsohne notwendig, die Spiritualität in das materialistische Leben zu integrieren. Genauso wenig, wie sich der Geist ohne Materie manifestieren kann, kann die Materie eine Veränderung ohne Geist erfahren. Hier lässt sich auch die bekannte esoterische Aussage *„Alles ist eins"* einordnen. Diverse fernöstliche Philosophien haben seit jeher daran geglaubt, dass in allem und jedem Bewusstseins vorhanden ist. Bis heute gibt es niemanden, der das Gegenteil beweisen könnte. Was sich durch die Verdrängung dieser Erkenntnis zeigt, ist jedoch zweifellos eine verminderte Wahrnehmung. Eine Abschottung von der Spiritualität führt letztlich zwangsläufig zu einem verzerrten Spiegelbild und schafft jene Unausgeglichenheit, die sich in unserem heutigen Verständnis der Welt offenbart. Wer sich wiederum vom Materialismus abkehrt, den ereilt dasselbe Schicksal. Doch gerade im Westen haben wir eine riesige Lücke an spirituellem Erkenntnisgewinn. Es ist an der Zeit, den Frieden in der Welt durch den geistigen Frieden zu offenbaren und der Toleranz und der Liebe ihren rechtmäßigen Platz in der Gemeinschaft zurückzugeben. **Die hermetischen Gesetze zu verstehen, bedeutet, sich der Wichtigkeit über die Spiritualität innerhalb der Gesellschaft bewusst zu werden.**

„Mein Ziel ist, die Menschen bedingungslos frei zu machen, denn ich behaupte, dass die einzige Spiritualität die Unbestechlichkeit des Selbst ist, denn diese ist zeitlos, sie ist die Harmonie zwischen Vernunft und Liebe. Das ist die absolute, unbedingte Wahrheit, sie ist das Leben selbst."

—Jiddu Krishnamurti[20]

Frieden entsteht durch Spiritualität

Das Wissen über diese Spielregeln des Lebens ist die Grundvoraussetzung, um Lösungen in der Welt zu schaffen, weil somit zum einen die Notwendigkeit erkannt wird, Fehler zu machen und aus ihnen zu lernen. Zum anderen wird durch sie ein Bewusstsein entwickelt, welches außerhalb rein materialistischer Konzepte und Begierden liegt.

Das gelernte Wissen sollte immer dafür da sein, den eigenen Glauben zu hinterfragen und neu auszurichten. Auch der Anthroposoph Rudolf Steiner versuchte über diesen Zusammenhang zwischen Wissen und Glauben aufzuklären. Nur so können lehrreiche Erfahrungen gemacht werden. Die heutige Welt ist durch den immer weiter voranschreitenden sprachlichen Verfall, die mediale Blindheit und das Ausbleiben kritischer Reflexion in ihren spirituellen Grundfesten tief erschüttert. Spiritualität ist meiner Auffassung nach nicht frei von Wissenschaft, beide ergänzen sich. Anstatt den Frieden und die Einigkeit zwischen Glauben und Wissen zu fokussieren, wird seit ewigen Zeiten ein irrsinniger und fataler Kampf des

Irrglaubens über die Unterschiedlichkeit beider Elemente geführt. Nur die Integration der spirituellen Selbsterkenntnis und die damit verbundene Weisheit über die Hermetischen Gesetzmäßigkeiten dieser Welt können den Krieg beenden und Frieden zwischen den Menschen stiften. Dieser Frieden wird dann realisierbar, wenn sich der Mensch, heute vornehmlich als Teil eines maschinellen und uhrwerkartigen Systems erzogen, auf seine Grundzüge und Ursprünge besinnt. Dazu muss der Mensch nicht nur fähig sein, aus seiner Vergangenheit zu lernen, sondern auch die gemeinschaftliche Kultur in die Zukunft zu tragen. Alle Ablenkungen der äußeren Welt, egal welcher materiellen Ideologie angehörend, können den Menschen nicht auf den Pfad der Erkenntnis führen, sie führen ihn vielmehr in die Einsamkeit und Ausbeutung der Erde. **Jede technische Erweiterung und Erfindung, jede sinnlose, auf das rationale Denken beschränkte und von den Sinnen abgewandte Berufung, jeder weitere Versuch, Kontrolle über das Leben zu erlangen, führt nur weiter in die Abhängigkeit und Krankheit.** Es bleibt auch logisch erkennbar gar nichts anderes übrig, als sich dem heutigen System mit all seinen Rechten und Verpflichtungen zu entziehen, denn es ist lediglich

84

auf eben jene aufgeführten Eigenschaften ausgelegt: Die Kapitalisten sind die Gewinner. Auch hier bedarf es keiner Quelle, denn die Unzufriedenheit über die gesundheitliche, arbeitstechnische und soziale Situation zeigt sich jeden Tag in dem Verhalten der Menschen, die in den Städten arbeiten und leben. Wie oft begegnen uns strahlende Menschen, die glücklich darüber sind, dass sie arbeiten dürfen, in Bio-Supermärkten einkaufen können und Zeit mit ihren Liebsten verbringen können? So viel wie dies an Wertschätzung erfordern würde, würde ich dies nicht einmal von mir selbst behaupten können.

Auch Wertschätzung kostet Kraft und will gelernt sein. Vielleicht ist Wertschätzung sogar die einzige Fähigkeit, die uns vor dem Verrücktwerden in unserer aktuellen Situation bewahrt? Führt man sich einmal den tatsächlichen Schaden vor Augen, den die Menschen in ihrer kurzen Spanne der Existenz der Natur, der Erde und sich selber zugefügt haben an, so möchte manch doch tatsächlich die Hoffnung auf Besserung aufgeben. Viele Philosophen hat diese Frage in den Wahnsinn getrieben: „Kann der Mensch besser sein?" Friedrich W. Nietzsche ist ein solches Beispiel. Und auch heute noch versuchen die

Menschen eine Antwort auf diese Frage zu finden. Anstatt sich aber der Idee des Absurden hinzugeben, wie es ein Albert Camus versucht hat, versuchen sie lieber Lösungen zu finden, die den Menschen besser machen. Dass es keine wirkliche Lösung sein kann, den Menschen technisch umzubauen, wie wir es auch mit der Erde gemacht haben, dürfte jedem Menschen klar sein, der auch nur ansatzweise an einen tieferen geistigen Urgrund glaubt. Spätestens aber, seitdem die Menschen die Ausbeutung der Erde durch die Industrialisierung und Technisierung erkannt haben, sollte auch die Parallele zum Menschen klar sein. Und auch hier gilt wieder: Die Kapitalisten sind die Gewinner einer solchen Entwicklung. Es geht weniger darum, ob es tatsächlich zum Wohle aller dient, den Menschen zum *„Übermenschen-Cyborg"* umzubauen und mehr darum, wie sich noch viel mehr Kapital anhäufen lässt.

Wann werden die Menschen sich dieser düsteren Prognose entgegenstellen? Schon an der COVID-19-Pandemie lässt sich der Gewinn der Biotechnologie für die Kapitalisten erkennen: Die Spritze ist der heilige Gral, der den Menschen von seinem *„unperfekten Immunsystem"* erlöst. Der Gewinn, so wird es propagiert, ist nur ein netter Nebeneffekt. Mehr noch: Die Milliarden an Dollars und Euros sind der wohlverdiente Preis für die Rettung der Menschheit. Zweifeln ist hier fehl am Platz. Manch einer könnte also mit Häme behaupten, das biotechnologische Zeitalter sei angebrochen. Von den Zielen und Wünschen eines animistischen Weltbildes – wie der Erleuchtung, Erlangung von Zufriedenheit und Bewahrung einer umfassenden Gesundheit – keine Spur.

Zugegeben, ein Mensch kann aus rationaler Perspektive (und auch anhand der Erklärungen der Hermetischen Gesetze) niemals nur zufrieden und gesund sein. Mit diesen Begriffen ist jedoch auch nicht ein ewiger Zustand der Glückseligkeit gemeint. Die Unzufriedenheit über die jetzige Situation ist ein notwendiger Aspekt des Erlebens, der uns in Bewegung setzen soll, damit wir unser Verlangen befriedigen können. Wer kein Verlangen hat, der wird auch kaum Antrieb im Leben haben. Wenn alles immer *in göttlicher Reinheit und Wonne* wäre, wie wir es uns vielleicht wünschen, dann hätten wir schlicht keinen Grund, uns von der Stelle zu bewegen. Mit dem Begriff Zufriedenheit, ebenso wie mit den Begriffen Gesundheit und Erleuchten, ist die bereits erwähnte

Harmonie und Ausgeglichenheit beider Pole gemeint, die es benötigt, alle Facetten des Lebens, ob Freude oder Leid, kennenzulernen, zu ertragen und dann zu lieben.

Wenn Ausgeglichenheit und Harmonie herrschen würden, würden wir kein spannungs- und emotionsgeladenes Feld politischer Positionen in Demonstrationen, verwahrloster Käufer und unbedachter Drogenkonsumenten vorfinden, explizit in Städten und Metropolen, sondern wir wären umgeben von wohlwollenden, sich selbst verpflichteten Menschen, die ihre Liebe zu sich selber anderen Menschen weitergeben können, indem sie das Vertrauen und die Wertschätzung der Gemeinschaft durch verschiedene friedliche Veranstaltungen stärken. Ganz ohne Diskussionen, sondern durch gegenseitiges Verständnis. Daran anknüpfend würden auch alle umwelttechnischen Probleme wie von selbst verschwinden, denn die nun stark werdende Unterstützung in Kombination mit der Kenntnis über die unheimliche Kraft der Natur, die sich ohne zu fragen um unsere Selbsterhaltung kümmert, löst eine tiefe Wertschätzung und Achtung in uns aus. Doch wie soll der Mensch aus der Unzufriedenheit finden, wenn er in der Stadt jeden Tag mit eben jener Unausgeglichenheit konfrontiert wird? **Aus der Verwahrlosung allein hinauszufinden ist wie, als würden wir ohne Arme und Augen den Ausweg aus einem Spiegelkabinett suchen.** Unsere Anpassung an die Menschen in unserem Umfeld und das heutige System machen es uns wahrlich sehr schwer, dem Leid zu widerstehen und unser inneres Glück zu finden. Darum lieben wir es auch, uns gegenseitiges Mitleid zu schenken. Es erscheint schwer, den Ausweg zu finden und dennoch ist es möglich, denn Trost zu spenden ist etwas, wofür wir immer Energie haben. Was würde passieren, wenn wir unsere Trost-Energie für uns selbst und andere sinnvoller nutzen würden?

Die Liebe ist wahrlich das Einzige, dass die Zufriedenheit in der Gemeinschaft durch die Ergänzung der Materialität um die Spiritualität erhalten kann. Jegliche Systeme, die nicht auf die Liebe ausgerichtet sind, das höchste Prinzip der Schöpfung, sind nicht überlebensfähig und zentrieren ein Überleben, geprägt von Frust, Einsamkeit und Hass. Um eine Wende herbeizuführen, müssen wir die Liebe in uns finden und sie durch unsere innere Flamme und Leidenschaft an andere Menschen weitertragen. Damit werden wir zu einer Kerze des großen Feuers, das das Leben ermöglicht und erhält. *Nur das Leben kann dem Leben geben.* So drückt der Autor Alex Polari de Alverga es wie folgt aus: „*Gemeinschaften, die sich nur nach bestehenden sozialen Mustern und aus finanziellen Interessen herausbilden, ohne den Anspruch auf Selbstversorgung und Selbsterhalt und ohne den Wohlstand nach spirituellen Gesichtspunkten zu verteilen, werden dem zukünftigen Chaos wenig entgegenzusetzen haben und keinen Beitrag zu dessen Überwindung leisten können. Wirkliche Gemeinschaften müssen in der Lage sein, sich materiell und spirituell zu organisieren.*"[21]

Und auch Khalil Gibran stimmt gewohnt poetisch ein: „*Doch wenn das Tauschen nicht in Liebe und gütiger Gerechtigkeit geschieht, wird es lediglich bei einigen zu Habgier und bei anderen zu Hunger führen (...) Und bevor Ihr den Marktplatz verlasst, vergewissert euch, dass niemand mit leeren Händen ziehen muss. Denn der höchste Geist der Erde wird nicht eher ruhig auf den Flügeln des Windes schlafen, bis die Bedürfnisse des Geringsten unter euch befriedigt wurden.*"[22]

Um die Liebe zu verstehen, muss man an sich nichts wissen und doch alles wissen wollen. Denn sie ist hier und dort, wir sind nur in unseren Eigenschaften, die wir uns angeeignet haben zu blind, sie zu sehen. Und eben hier gelangt einmal mehr die Tugendhaftigkeit und der Lernprozess über das Leben ins Spiel. Denn alles Leben heißt Lernen und das oberste Ziel ist, die Liebe des Lebens zu erreichen. Denn nur dort kann unsere gefühlte Leere, unser Verlangen befriedigt werden. **Erkennbar beginnt unser erster Schritt mit dem Verlassen des Paradieses, dem Mutterbauch, in dem all unsere Bedürfnisse stets befriedigt wurden, hinein in die Welt voller Schmerz, Kälte und Druck.** Der Mensch auf seiner folgenden Reise sehnt sich daher nach nichts mehr, als die in jedem verankerte Liebe der Mutter wiederzufinden. Und Erkennen tun wir sie durch unsere besten Eigenschaften, die uns Vater und Mutter in Vereinigung gaben. Genannt werden sie die Tugenden, die eine materielle Handlung und geistige Verkörperung der Liebe in sich selbst sind. Die Tugend handelt um ihrer selbst willen und verlangt nichts, eben nach ihrem göttlichen Vorbild. Sie möchte lediglich schöpfen und aus Leben ohne Bedingung neues Leben schaffen. Aber im Gegensatz zur Tugend lässt die Liebe auch Platz für die Untugenden. Untugenden verkörpern den genau gegensätzlichen Pol des Hasses und des Todes. Erst die Konfrontation mit dem Leiden lässt uns das Leben wieder wertschätzen und in die Liebe Vertrauen. Denn die Liebe ist nichts anderes als das unendliche Vertrauen in den Schöpfungsplan, dass alles Leben zum Ende seiner Reise zur Liebe zurückkehrt. Sie weiß darum, dass alle ihre Kinder wieder durch die Suche zu ihr zurückfinden und um die unerschöpfliche Wertschätzung für die Leichtigkeit und die Zufriedenheit, die das Vorbild der Liebe verkörpert. Das höchste Prinzip, das Vorbild der Liebe, das reine Bewusstsein Gottes wird nicht eher ruhen und unsere Herzen nicht eher schweigen lassen, bis wir uns und einander mit ihr in Wohlwollen verbunden haben. Und die Schönheit des Lebens zeigt uns: Dazu ist nichts weiter als die Bereitschaft und die Kenntnis zur Tugendhaftigkeit notwendig. Denn alles Leben trägt erkennbar die Harmonie in sich: **Jede Pflanze und jedes Tier verkörpern ein und denselben Bauplan, der in perfekter Symmetrie und Ästhetik die Art und die Individualität von Leben ermöglicht.** Wohlgemerkt: Fehler sind jederzeit erlaubt! Es geht eben darum, dass das erkennbar höchste Prinzip, die Transzendenz, oder nach dem Psychologen Maslow die Selbstverwirklichung in das Leben integriert wird. Dadurch sorgt die universelle Kraft ganz von alleine für den spirituellen Aufstieg. Ihre beiden höchsten Tugenden, das Vertrauen und die Wertschätzung, demonstrieren ihre Macht: Wie wäre denn die Angst möglich, wenn nicht durch den Vertrauensverlust und die Schaffung von Sorge um unsere Zukunft? Das Vertrauen selbst bewahrt uns in der Sicherheit der Liebe, ohne sie ständig beweisen zu müssen. Und wie könnten wir unrecht tun, wenn wir unser Gegenüber, die Natur und unser Leben wertschätzen? Denn dann würden wir darauf beharren, anderes Leben nur so zu behandeln, wie wir auch uns selbst wertschätzen möchten. Nun sag mir, ist der Weg der Liebe schwer oder verlangt sie durch ihre Bedingungslosigkeit nur eben jene Eigenschaft selbst - die Bereitschaft, zu ihr zu finden?

Eine Gemeinschaft in solcher Harmonie löst weitestgehend die chronischen Gesundheitsprobleme und macht uns zukunftsfähig, ohne ständig das Gefühl zu haben, alles planen und kontrollieren zu müssen. Sie trägt unsere Kulturen und Traditionen, ohne sich auf unsere Fehler versteifen zu müssen. Und wir sind alle ein Teil eines liebevollen Zusammenlebens, ohne sich in arroganter Art und Weise als Krone der Schöpfung von der Natur abzugrenzen. Denn dieses Phänomen ist auch in der Natur zu beobachten. Der Löwe jagt nicht mehr, als er für sich selbst braucht und die Antilope wiederum verurteilt ihn nicht für sein Verhalten, sondern versucht, sich schlicht dem Todesspiel zu entziehen. Ist kein Bedürfnis in den Raubtieren vorhanden, so können Jäger und Beute auch gemeinsam leben. So und nicht anders kann der Mensch seinem Bedürfnis Ausdruck geben, in Harmonie zu leben. **Erkennbar wird für uns, dass alles Leben darauf ausgerichtet ist, von sich selbst zu geben, ohne zu werten.** Wir müssen nicht mehr jagen, um uns zu ernähren – wir haben umfassende Kommunikationsfähigkeiten, die uns das Überleben erleichtern und die Natur achten lassen.

Dem Tier fehlt logischerweise zum einen die Sprache, um zu überleben und Konflikte zu lösen, zum anderen ist kein Bedürfnis beim Tier beobachtbar, sich anders zu verhalten und sich dem „natürlichen Lauf" zu widersetzen. Das Tier ist in das Spiel von Wachstum und Untergang der Natur eingebettet, der Mensch hingegen versucht diesem Spiel stets zwanghaft zu entkommen.

In gewisser Weise hat die Unzufriedenheit des Menschen somit auch zu seiner Weiterentwicklung und zu seinem Fortschritt beigetragen. Unzufriedenheit somit eine Licht- und eine Schattenseite wie alles im Leben. Widersetzen wir uns jedoch dem Leben in seinem ursprünglichen Prinzip, das heißt der Achtung von Wachstum und Niedergang, dann widersetzen wir uns auch in unserer Wesensart, das bedeutet psychologisch dem immerwährenden Paradoxon des Lebens: Alle Lebewesen sind aufeinander angewiesen. Der Mensch kann nicht ohne Natur und dafür muss nicht immer weiter, höher und schneller, sondern sollte sich auch um Rückgang, Erschöpfung, Frieden und Ruhe kümmern.

Nun wie kommen wir zu diesem Frieden? Wie finden wir in ein friedvolles Zusammenleben in Akzeptanz über die natürlichen Zustände? Ich glaube durch pragmatische und einfach nachvollziehbare Schritte. Mit einem klaren Geist und einem reinen Herzen. Denn auf dem irdischen Irrweg werden wir uns nur dann nicht verlaufen, wenn wir richtig hinsehen und hinhören können, wenn wir erspüren können und den richtigen Riecher haben. Wenn wir die volle Bandbreite des Lebens auskosten, ohne in unserer

Angst um unsere Sicherheit zu versinken. Geben wir unsere erzwungene Sicherheit auf, ohne leichtsinnig zu werden, so können wir in vollen Atemzügen die Geschenke und die Leichtigkeit des Lebens annehmen. Und das sogar in Ruhe und Frieden und ohne den Drang zu haben, etwas zu verpassen.

Entgegen der Meinung, dass das Leben kein Wunschkonzert sei, plädiere ich dafür, Wünsche zu äußern und für die Erfüllung empfänglich zu sein. Das Gesetz der Resonanz bedeutet Anziehung und darum führt ein Wunsch eben auch auf die ein oder andere Weise zur Erfüllung. *Wenn Gleiches Gleiches anzieht*, müssten wir dann nicht alleine durch unsere Ausstrahlung genau zu den Aspekten des Lebens gelangen, die unseren Schwingungen bzw. unserer *Aura* entsprechen? Wie sollten wir überhaupt mit jemandem ein Gespräch führen können, der völlig unscheinbar und uninteressant auf uns wirkt und eine Freundschaft mit jemanden aufbauen, dessen Wellenlänge nicht mit der unseren übereinstimmt? Gerade durch unsere Ausstrahlung und Einstellung geraten wir an Menschen gleicher Interessen, in denen sich wiederum Möglichkeiten und Chancen für beide Seiten ergeben, die vorher ungeahnt erschienen.

Dies bedeutet nicht, dass wir uns vor anderen Menschen scheuen sollten, die nicht zu uns passen. Ganz im Gegenteil: Offenheit ist das beste Mittel, damit sich ein Fremder in einen Freund verwandeln kann.

Merke: Jeder gute Freund, der dir heute mit Rat und Tat zur Seite steht, war einst ein belangloser Fremder. Und wenn wir uns diese Einsicht über die Einheit allen Lebens bewahren, so behandeln wir jeden Fremden wie einen lieben Freund und jedes Lebewesen wie einen Verwandten, denn wir erkennen Notwendigkeit zum Zusammenhalt auf unserem Planeten. Wer jedoch die Herzlichkeit nicht erwidert, der braucht auch keinen Platz in unserem Herzen zu finden. Denn in einer Gemeinschaft sollten sich immer Menschen gesellen, die sich Gleiches wünschen und einander aufrecht Gutes tun. **Verschließe dich nicht, denn das Leben hat mehr zu bieten, wenn wir es annehmen und wir haben mehr zu geben, wenn wir bereit dazu sind.** Wir können jedoch Menschen von nichts überzeugen und sollten dies auch nicht tun, vor allem nicht, wenn wir auf Widerstand stoßen. Ein freier Meinungsaustausch im Sinne des metaphorischen *Türöffners* gemeinsam und in Toleranz bildet die Basis des menschlichen Lebens.

Öffnen wir unseren Horizont für Mitmenschen, können wir auch den Horizont unserer Freunde öffnen. Und demnach gibt es doch einen Hoffnungsschimmer für einen Wandel innerhalb unserer Gesellschaft. Alles strebt erkennbar auf das Höchste und Beste zu. Die Natur macht uns einen wertfreien Wandlungsprozess vor, den wir auch in uns selbst finden können. So wie wir nicht mehr an das Glauben, was uns noch vor Jahren beschäftigt hat, versuchen wir uns stets von der Last in unserem Leben zu befreien und unser Basislevel an Zufriedenheit zu erheben. Die Liebe und der Spaß sind im tiefsten Inneren unsere höchsten Werte und sie zu vertreten erfordert in einer immer gefühlskälteren und rationaleren, immer mehr auf Leistung ausgerichteten Welt sehr viel Tapferkeit. Dabei kann man mit dieser Einstellung selbst ziemlich schnell als leichtsinnig abgestempelt werden. **Es spricht jedoch nichts gegen ein vertrauensvolles Leben.** Nein, ich behaupte sogar erst, wenn wir von unserer Kontrollsucht ablassen, können wir für die unbekannten und erfreulichen Momente in unserem Leben Platz schaffen, ohne überrumpelt zu werden. Es sind ohne Frage die unerwarteten Momente auf unserer Reise, die besonders wertvoll sind. Ein treffendes Beispiel gibt uns die Lachepidemie in Tansania (Tanganjika) aus dem Jahr 1962. Tausende Menschen konnten mehrere Monate nicht aufhören zu lachen, woraufhin sogar ganze Betriebe und Schulen geschlossen werden mussten. Kann man sich das ansatzweise vorstellen? Damit hat an diesem Tag wohl niemand gerechnet, nicht einmal die Mädchen selbst, die die Lachwelle ausgelöst haben. Wenn wir uns gegenseitig so stark beeinflussen und sogar anstecken können, so kann es aufgrund unserer Empathie nicht nur zu mitleidenden Situationen kommen, sondern auch zu Epidemie-artigen Verbreitungen von Herzlichkeiten.[23] Auch die amerikanische Talkshow-Moderatorin Oprah Winfrey wies darauf hin, dass es nicht schwer sei, eine Kette von Freundlichkeiten zu verbreiten. Hierzu sind lediglich 2^{32} Schritte notwendig (Zwei Menschen, die jeweils zu zwei weiteren Menschen freundlich sind usw.), um die ganze Welt mit Freude zu erfüllen. Auch Jesus Christus, Buddha oder Krishnamurti waren nur ein einzelne Menschen, doch ihre Weisheiten sind zeitlos. **Sie beeinflussten Milliarden von Menschen und das nur, weil sie durch das Vertrauen zu sich selbst fanden.** Nun sage noch jemand nur einmal, dass der Einzelne keine Macht hat. Ganz im Gegenteil, jeder hat alle Kräfte der Welt zur

Verfügung, um Positivität und Negativität zu verbreiten. Wichtig ist dabei, sich seinen Fixstern zu bewahren - das Vertrauen auf einen wertfreien Wandel, wie ihn uns die Natur vormacht.

Also sage mir, sollte man darauf warten, dieses Glück einmal erleben zu dürfen? Sollte man probieren, es selbst zu verursachen? Eine Lach-Epidemie auszulösen ist wohl etwas unwahrscheinlich, aber gibt es nicht möglicherweise einfache und sichere Wege, eine Gemeinschaft zu beeinflussen, in der Freundschaft kein Zwang ist und in der ein wirkliches, freiheitliches Gemeinschaftsgefühl des Vertrauens entsteht? Dafür müssen wir uns erst einmal von jeglicher erzwungener Konvention befreien, die in der aktuellen Gesellschaft verankert ist. Denn wie die Redewendung *erst die Arbeit, dann das Vergnügen* beispielhaft zeigt, sind bestimmte Glaubenssätze tief in uns verankert, die uns von unserem harmonischen Zusammenleben und Zufriedenheit abhalten. Weitaus mehr unserer Glaubenssätze sind durch unsere Unkenntnis darauf ausgelegt, das eigene Leid so effektiv wie möglich zu vermeiden, um sich dann seiner Begierde zu widmen. So funktioniert Harmonie allerdings nicht, denn Harmonie benötigt Zeit, damit sich

Vertrauen einstellen kann, keine Selbstsucht. Und vor allem - wieso sollte uns denn nicht das Vertrauen Vergnügen bereiten können? Wieso kann Arbeit nicht Vergnügen sein?

Wenn die richtigen Grundvoraussetzungen geschaffen sind, dann können wir in all unseren Tätigkeiten voll und ganz aufgehen und unser Leben in einem ewigen *Flow*, einem nie erschöpflichen Fluss an Freude und Kraft, der aus dem Vertrauen resultiert, halten. **Hierfür muss nun die Grundvoraussetzung, dass die Lebensqualität des Einzelnen und das der Gruppe genau denselben Wert haben, erfüllt sein.** Denn wenn ich *nur als Mutter Theresa erscheinen* möchte und nicht tatsächlich den Drang habe, von mir selbst aus auch so liebevoll zu handeln, wie ich es vorgebe, dann entsteht ein Ungleichgewicht, das zugunsten des sich zwanghaft verhaltenden Egos ausfällt. In einer liebenden Gemeinschaft ist kein Platz für das selbstsüchtige Ego, welches nur die eigenen Vorteile im Sinn hat. Denn hier sollte Teilen die eine der Freuden darstellen. Wohlgemerkt: Wenn die eigenen Bedürfnisse bereits gestillt sind und genügend Kraft da ist, um von sich selbst anderen zu geben. **Denn wer geistig hungert und durstet,**

der tut es auch materiell und sucht selbst an fauligen Orten nach Befriedigung für seine nicht ausgelebten Triebe. Das Konstrukt des „Egos" kann sich schließlich nicht in den Freund hineinversetzen, sondern bleibt in seiner eigenen misslichen Perspektive gefangen. Dadurch wird es neidisch oder zornig über seine Eingeschränktheit und verkennt in Ignoranz die Lage der anderen Menschen.

Erkenne nun deine eigene Haltung: Wenn jeder nun auf die Freude des anderen besteht, sage mir, wo kommt denn das eigene Ego zu kurz? Denn das Verlangen jedes Mitmenschen, das Nehmen, steht in demselben Verhältnis wie die Befriedigung, das Geben. Nur die Einstellung, die innere Haltung ist eine andere: Die des Vertrauens darauf, dass jeder seinen gerechten Anteil erhält. Die Liebe, die Mutter des Vertrauens, ist das Einzige, das den Hunger und den Durst des Menschen stillen kann, denn sie wünscht sich aufgrund ihrer Bedingungslosigkeit einen gütigen und gerechten Austausch, einen Wandel, der in völliger Harmonie mit der Natur und dem Arbeitsaufwand steht, sodass sich die Ewigkeit in Ruhe entwickeln kann.

In der wahren Liebe geht es nicht darum, bestimmte menschliche Qualitäten zu verbieten. Ein Beispiel hierfür wären die *Amish*. Die Amish sind eine Glaubensgemeinschaft aus landwirtschaftlichen Arbeitern im amerikanischen Pennsylvania. Das Besondere an dieser Gruppe ist die Ablehnung der Technik und sorgfältiger Prüfung, bevor Neuerungen eingeführt werden. Sie versuchen sich also bewusst von der Postmoderne, sofern es geht, abzugrenzen. Lediglich im Handel mit der Außenwelt wird noch auf das Englisch gesetzt, anstatt auf die typische Sprache *Pennsylvania Dutch*. Ansonsten werden stets dieselben landwirtschaftlichen Methoden, das Bestellen und Ernten des Feldes wie vor einigen Hundert Jahren angewendet. Die Amish sind eine sehr traditionell orientierte Gruppe, die ihren Fokus nicht auf Neuerungen gesetzt hat, wie es typisch in unserer Gesellschaft des Wirtschaftswachstums ist, sondern auf die kulturelle Gemeinschaft. In der Gesundheit sind sie noch sehr naturorientiert, werden so beispielsweise auch nicht geimpft und sind dennoch erkennbar unempfindlich für Krankheiten. Dazu trägt die harte Arbeit bei, die präventiv vor altersbedingten Krankheiten schützt und auch die Kleidung ist entsprechend funktional ausgerichtet. Allen voran legen die Amish großen Wert auf die Gemeinschaft. Diese sehr soziale und disziplinierte Orientierung tragen dazu bei, dass die Amish von sich selber aus sagen, dass sie ihr Leben sehr wertschätzen. Die Grundsätze der Bodenständigkeit helfen dem Volk, sich nicht in materiellem Wohlstand zu verlieren, sondern durch die Tugendhaftigkeit in der Arbeit und dem Teilen in der Gemeinschaft ein zufriedenes Leben zu führen. Weitere Beispiele für naturverbundene Völker sind die bolivianischen Tsimane oder die brasilianischen Yanomami-Indianer.

Von den Amish können wir eine Menge lernen - so aber auch die Amish von uns. **Denn Neuerungen sind niemals grundlegend schlecht.** Auch die Natur entfaltet sich in einem ständigen Wandel aus Rückgang und Fortschritt, bringt so das eigene Potenzial in Vertrauen auf die eigene Kraft voll zum Vorschein. Würden wir denselben Umgang mit Neuerungen pflegen, sei es Technik oder Medizin, wie die Natur es tut, also **was sich einwandfrei und ohne Ausnahme bewährt, das bleibt**, dann könnten wir unser Leben wesentlich einfacher gestalten. Die Natur lehrt uns: Wir sind voneinander abhängig - die Bienen von den Blüten, die Pilze von den Bäumen, die

Raubtiere von ihrer Beute. Jedes Tier und jede Pflanze ist in der Nahrungskette von jemand anderes abhängig und trotzdem ist das Leben so aufgebaut, dass wir allesamt miteinander in Harmonie überleben können und erkennbar auf unsere Weiterentwicklung streben. Es geht also nicht darum, zu verurteilen, wer ungerecht ist, sondern darum, weiterzuwachsen und nach dem Vorbild der Harmonie der Natur zu entnehmen, aber auch zurückzugeben und ihr so nicht zu schaden. Denn tiefer Schaden an der Natur führt erkennbar auch zum Schaden an der eigenen Spezies. Und so sollte es nun auch mit Neuerungen geschehen: Es sollten sich Neuerungen aus der Idee heraus manifestieren, etwas zu schaffen, dass allen Lebewesen gewidmet ist, Fortschritt ermöglicht und Rückschritt bedingt. Das Chaos, dass der Mensch beispielsweise beim Wirtschaftssystem anrichtet, welches er zwingt, immer weiter zu wachsen, zeigt sich dann in Katastrophen, die zum Leiden vieler vom Geld Abhängiger führt. **Der Mensch sollte einmal über seinen eigenen Horizont hinausblicken** - als einziges Lebewesen kann es den Horizont aller anderen Tiere durch sein eigenes Ungleichgewicht vernichten, denn er ist zweifelsfrei vom rationalen Standpunkt aus das höchste Lebewesen. Sich dieser

Macht gewahr zu werden, heißt sich selbst in der Natur und in allem Lebenden wiederzuerkennen. Denn ansonsten verliert man sich in seinen egoistischen und machtgierigen Bedürfnissen. Wir erkennen es an auch an Populationen in ökologischen Systemen: Wächst die Gruppe zu schnell, so fällt erkennbar mit der Zeit eine Krise an und an den Folgen des chaotischen Systems geht die Population zugrunde. **Wie wäre es also mit dem Lösungsansatz für den Menschen, sich aus seiner eigenen Perspektive zu erheben und zu versuchen, sich in der Außenwelt wiederzuerkennen?** Wie es die Esoterik lehrt. Nicht getrieben sein, sondern intuitiv zu fühlen, was aktuell für das Selbst und alle Mitlebewesen angebracht ist.

Die Intuition kann uns den Weg zeigen, der zu *Heilung*, *Harmonie und Liebe* führt. Und genau auf diese *drei Ziele* sollte auch die Gemeinschaft ausgerichtet sein. Dies umschließt das intuitive Leben und Fühlen, aber erst recht zu erkennen, was für die Gemeinschaft von Vorteil ist, ohne zu naiv zu sein. Denn dafür haben wir unseren Verstand: Um die dualistische Natur zu begreifen und Gesetze aus ihr abzuleiten, die unser Leben durch Erfindungen (in der Technik) vereinfachen. All unsere Erkenntnisse sollten uns in die Richtung einer harmonischen Gemeinschaft führen, die in Frieden miteinander lebt. Somit kommen wir zum Schluss, dass wir gewisse grundlegende Prinzipien benötigen, die für jeden erkennbar aus den bereits geschilderten Gesetzmäßigkeiten der universellen Liebe abgeleitet werden können.

Der nun folgend aufgeführte Leitfaden soll allerdings nur als Anweisung verstanden werden, nicht als absolutes Vorhaben zur Umsetzung der Gemeinschaft in Kommunen. Viele der aufgeführten Werte können individuell entschieden werden, solange sie in Liebe und Harmonie geschehen. So wie Aristoteles anmerkte: *„Wenn auf Erden die Liebe herrschte, wären alle Gesetze entbehrlich.“*, können wir alles anhand ihres Wesens für unsere Gemeinschaft bestimmen. Mehr Gesetze bringen auch nicht mehr Lösungen, auch wenn viele Politiker dies glauben. Wir sollten stets versuchen, uns aus unserer egoistischen Perspektive zu erlösen, auch wenn es schwerfällt, da wir stets und immer missverstanden werden könnten. Erkenne nun, dass meine Worte an die Liebe in dir gerichtet sind und so auch an das wissentlich Gute in deinen Handlungen. **Grundsätze können immer missbraucht werden, so auch jedes System.** Hier erwähnte ich, dass auch durch das Messer Leben entstehen oder genommen werden kann. Es kommt auf unsere innere Haltung an, auf die Frage, welches ist die situativ richtig angebrachte Handlung. Und für uns Menschen mit unserer Verstandesseele, mit der wir an Vernunft und Gefühl appellieren können, gibt es nichts *Erfüllenderes*, als sich anderen Menschen hinzugeben und mit diesen zu teilen. Diese Haltung kann erfühlt werden, genauso, wie sich jedes Baby auch ohne Sprache und nur durch die eigene Gefühlswelt mit der Außenwelt verbinden kann. Sobald die eigenen Bedürfnisse gestillt sind, achtet das Kind nur noch auf andere Lebewesen und versucht neugierig zu interagieren und die Freude des Lebens zu erspüren. Denke daran, kein Lebewesen nimmt freiwillig Schmerzen auf sich. Babys können die kleinsten Unstimmigkeiten erspüren, sind durch die fehlende Verstandesseele und das Ego nicht in der Lage, sich vor den sensiblen Schwingungen anderer Lebewesen zu schützen und leiden somit bei jeder Emotion mit. Trotzdessen würde es nach Befriedigung der Bedürfnisse in einer harmonischen Atmosphäre immer die Freude bevorzugen. Alles Leben ist erkennbar darauf ausgerichtet, Schmerz zu vermeiden und Freude zu bringen. Ob die Pflanze, die

Schmerz zwar nicht messbar erfühlen, aber dennoch daran zugrunde gehen kann, oder ein Mensch bei seinen Handlungen, es zeigt sich im Endeffekt immer dasselbe Bild.

An Kindern, wie es auch Jesus sagte *„Lasset die Kindlein zu mir kommen und wehret ihnen nicht, denn solcher ist das Reich Gottes."* (*Matthäus 19:14*), erkennen wir die Notwendigkeit eines interaktiven und friedvollen Zusammenlebens zur Findung unserer Glückseligkeit. Eine solche Wohlfühlatmosphäre zu schaffen, in der keine Angst vor der Zukunft besteht, kann unser volles Potenzial zum Vorschein bringen. Nur die Liebe, unsere vielleicht erste und damit ursprüngliche Kraft, die alle Tugenden in sich umschließt, ermöglicht uns also die folgenden Grundsätze vom guten Leben (Vgl. S. 67). Und erstmals in der Geschichte ist es uns so möglich, die Vereinigung aller Menschen durch Arbeit und Gemeinschaft zu erreichen.

Grundwerte

Gleichberechtigung leben

Die einzige Alternative, die nicht das Gute im Menschen züchtigen muss und die keine hierarchische Abhängigkeit schafft, ob in vermeintlicher Selbstständigkeit oder als Angestellter, ist die einer eigenen individuellen Lebensweise in einer kleinen arbeitsteiligen Gruppe von gleichberechtigten Menschen. Flora Tristan schrieb einst: *„Die grundsätzliche Gleichheit von Mann und Frau ist der einzige Weg, der zur Einigkeit der Menschen führen kann."* Dies kann und sollte nicht anders als absolute Gleichwertigkeit verstanden werden. Flora meinte sicherlich nicht Gleichheit im Sinne der Deckungsgleichheit, wie sie im *Gender-Mainstream* verstanden wird, sondern der Entsprechung und somit Wert- und Chancengleichheit. Denn jegliche Art von Dominanz zwischenmenschlicher Beziehungen endet unterbewusst immer in dem Extrem der Unterdrückung. Erst die spirituelle Erkenntnis über diesen angeborenen Trieb der hierarchischen Anpassung an die Gruppe kann zur Erlösung und Richtigstellung der Misere führen. Dominanz bzw. Aggression ist, wie ich bereits erwähnt habe, keinesfalls etwas grundsätzlich Schlechtes, sondern ein natürlicher Handlungsimpuls, der dem Überleben dient: *Alles Leben will Überleben* lässt sich aus den Eigenschaften bzw. den sieben Hermetischen Gesetzen einwandfrei ableiten. Eine individuelle, auf die spirituelle Entwicklung ausgerichtete Lebensweise erkennt diese Prinzipien, die jedem Lebewesen vertraut sind und lehrt, mit ihnen umzugehen. Auf Missachtung der Gesetze des Lebens folgt immer ein auf Selbstzerstörung beruhender Handlungsdrang, denn das Gegenteil von Leben ist Tod und wer nur dem Leben nimmt, anstatt auch zu geben, der widersetzt sich dem Gesetz des Lebens. **Wer also Leben möchte, der muss beobachten, wie Leben funktioniert und nach seinen Beobachtungen handeln können.** Auch das vorgestellte Modell, das dem artgerechten und friedlichen Zusammenleben der Menschen dient, muss sich an der Natur bzw. natürlich funktionierenden Organismen bewiesen haben. Der Naturforscher Viktor Schauberger wusste schon im 19. Jahrhundert vom Prinzip: „*Natur kapieren, Natur kopieren.*". Der erste Schritt zur Gleichberechtigung ist somit, seine eigene Natur zu erkennen und versuchen, diese auch in anderen Lebewesen zu erkennen. Denn erst, wenn wir uns eingestehen, dass wir alle eins sind und die äußere Welt nicht getrennt ist von unserer inneren, kann eine Harmonie, ein Gleichgewicht entstehen. Als Teil dieser Wirklichkeit, können wir jeden Tag ein Stück mehr zu liebevollen Grundsätzen beitragen, die auch andere aufgrund der Zufriedenheit, die *das Selbst* durch die Erfüllung am Leben erhält, übernehmen werden. Erkenne also, dass du vorurteilsfrei und nicht vorbelastet in ein Gespräch hineingehen sollst und dich auch nicht vorbereiten musst, denn du stehst sinnbildlich vor deinem ebenbürtigen auf dein Wohl bedachtes Spiegelbild. Du musst nicht misstrauisch sein! Alles, was du nicht in der selber akzeptierst, wirst du auch nicht in anderen akzeptieren können. Ob es Dominanz, Oberflächlichkeit oder Neid ist. Lerne dich selber zu akzeptieren und die anderen werden es dir als dein Spiegelbild gleichtun. Und am allerwichtigsten: **Fühle es, strahle es aus. Denn nur so können wir es wirklich verstehen.** Alle Wörter der Welt helfen nicht, die Gleichberechtigung zu verstehen, wenn sie nicht gelebt und gefühlt werden. Auch in den antiken Geschichten konnten sich Helden nur durch ihre Erfahrung bewähren und ihre Präsenz für sich sprechen lassen (Körpersprache, Gestik, Mimik, Wortlaut, Klang, Weisheit). Denn wie sonst sollten sie beweisen, dass ihre Erlebnisse wahrlich heldenhaft waren? - Ansonsten würde ein Skeptiker sofort einen materiellen Beweis fordern. Nicht aber, wenn die Aura selbsterklärend wirkt.

Der Hauptmotor für das Unverständnis der Gleichberechtigung ist definitiv der Materialismus. Der Glauben daran, dass wir Lebewesen sind, dessen Geist und Körper voneinander getrennt ist, hat Mitte des 20. Jahrhunderts zu der psychologischen Erkenntnis geführt, dass unser Körper programmierbar ist. Diese aus dem Behaviorismus stammende Erkenntnis ist allerdings nur teilweise richtig, denn die Konditionierung, die Kopplung von Reiz und Reaktion, weist ganz klar bestimmte Grenzen auf, die in der natürlichen Ausstattung selbst liegen. Ich kann zwar einem Hund antrainieren, zu erkennen, wann am Tag er sein Futter bekommt, ich kann ihm allerdings keinen Trieb grundsätzlich austreiben. Ich kann lediglich mit den Trieben innerhalb bestimmter Grenzen agieren. So kann ich beispielsweise weder dem Hund die Futtersuche noch den Handlungsdrang zur Reviermarkierung verbieten. Beides dient in erster Linie den Urprinzipien Überleben und Fortpflanzung. Genauso, wie es Tieren unmöglich ist, bestimmte Eigenschaften zu verlernen, die sich über Jahrmillionen von Jahren in das Betriebssystem eingespeichert haben, genauso wenig ist es für den Menschen möglich. Darüber hinaus sind diese Eigenschaften sogar noch sehr viel ausgeprägter beim Menschen, denn als komplexestes Lebewesen des Planeten Erde ist der Mensch auch gleichzeitig fähig, diverse und unterschiedliche Fähigkeiten zu erlernen. Während die einen hervorragende Fährtenleser sind, können die anderen mit ihren Klavierhänden verzaubern. Die angeborenen Talente und Gaben sind zwar zeitweise unterdrückbar, aber nicht vollständig zerstörbar, denn die Weichenstellung hat teilweise bereits vor der Geburt des Lebewesens erfolgt und ist dann ein Bestandteil des weiteren Lebens. Interesse kann nur durch die Aufmerksamkeit auf bestimmte angeborene Fähigkeiten gesteuert werden, da der Mensch am meisten Spaß bei Handlungen empfindet, in denen er am schnellsten lernt. **Zum einen ist also das Lernverhalten entscheidend, zum anderen die natürliche Ausstattung.** Beides bedingt sich gegenseitig. Vergleiche hierzu auch die wissenschaftliche Diskussion über das Verhältnis aus

Genetik und Epigenetik bei der Entwicklung von Krankheiten. **Keiner kann genau sagen, wie wichtig das Angeborene im Verhältnis zum Erworbenen ist. Wir wissen nur: Beides ist wichtig.**

Wichtig ist aber Folgendes: Männer und Frauen sind durch ihre genetische Abstammung (Chromosomen & Genexpression) in der Tendenz verschieden, können dabei aber in der natürlichen Bandbreite bestimmte Eigenschaften erwerben, die dem anderen Geschlecht ebenso entsprechen. Dabei ist es allerdings erkennbar unmöglich, physikalische Eigenschaften zu überwinden. Die erhöhte Muskelmasse von Männern gegenüber Frauen zeigt sich in der sportlichen Aktivität und ist für Frauen nicht zu schlagen. Und auch Frauen weisen in der Tendenz Eigenschaften auf, wie etwa die verbesserte akustische Wahrnehmung oder die Empathie, die für die Männer schwer bis nicht zu erreichen ist. Neben der Tatsache, dass sich selbst im Kindesalter Jungen und Mädchen schon in ihre eigenen Grüppchen aufteilen und agieren, ist es also ganz leicht nachvollziehbar, dass Geschlechter eben nicht anerzogen sind, sondern von der Tendenz vorherbestimmt. Ein solcher Irrglauben gipfelt dann in Arten der Medizin, die uns

Menschen nur noch schaden kann, anstatt uns zu heilen. Hierfür empfehle ich, die Geschichte von Dr. Money zu studieren, welcher einer Familie riet, ihrem Sohn einer Geschlechtsoperation zu unterziehen, da sein Geschlechtsteil bei einem vorangegangenen Eingriff irreparabel verletzt wurde. Für das weitere Leben des Jungen hatte die Geschlechtsumwandlung grässliche Folgen und endete letztendlich im Selbstmord. Sein Leben lang hat sich in seinem eigenen Körper fremd gefühlt und nicht gewusst, dass er eigentlich männlich ist – bis es ihm gesagt wurde. Geschlechterrollen sind eben nicht nur anerzogen.[24] Du glaubst, dass solche Extreme heute nicht mehr vorkommen? Da muss ich dich enttäuschen. Auch heute agiert die Medizin in Therapie mit Medikamenten noch geschlechterneutral, dabei ist es inzwischen Standardwissen, dass Männer und Frauen anders behandelt werden müssen.

Sich aus dem eigenen Glauben zu lösen, dass Männer und Frauen gleich sind, auch dessen Bedarf Mut. Denn es ist leichter, alles zu unifizieren und anzupassen, sodass jeder Mensch alles genau gleich macht und kein Fünkchen Kreativität mehr übrig ist, als die jeweiligen Fähigkeiten zu integrieren, auszubilden und schließlich in verschiedenen Handlungsgebieten sinnvoll einzusetzen. Funktioniert denn nicht jeder Organismus genauso? Die Leberzelle tut etwas anderes als die Nervenzelle, und trotzdem interagieren sie harmonisch miteinander. Und so verhält es sich auch mit der gelebten Kreativität, Individualität und sonstigen Talenten und Fähigkeiten der beiden Geschlechter sowie unserer Nationalität. Niemand ist in Gesellschaft mehr oder weniger wertvoll und ist ebenfalls keine Kopie des Gegenübers. **Denn das versucht letztlich das Schulsystem zu erreichen: Genormte Menschen, die alle dasselbe können und erreichen wollen, sodass in dem von uns genormten Arbeitssystem nur einfachste, der Motivation widersetzliche Arbeiten verrichtet werden.** Anstatt die Stärken zu fördern, werden die Schwächen ausgemerzt. Diese von uns schweigend akzeptiere Ansicht auf die Gemeinschaft ist ein Unterdrücken potenzieller Fähigkeiten und ein Reduzieren von Idealen und Zielen von universellen Gemeinschaften. Ein erster Befreiungsschlag aus diesem Elend, das der Harmonie und der Liebe widerstrebt, ist die wahre Anerkennung jeglichen Potenzials in einer Welt voller Gleichberechtigung zwischen Menschen, ohne sich dabei auf einer Gleichstellung zu versteifen. Denn in der Diversität der Lebewesen liegt die Kraft der einheitlich geschaffenen Natur. Und umso weniger es in der Natur Streitigkeiten unter Brüdern und Schwestern bedarf, umso mehr bedarf es einer zielgerichteten Struktur zum friedvollen Wandel. **Diese Struktur der Arbeitsteilung in Wechsel zwischen Geben und Nehmen kann die Stärke der Diversität in unserer Welt voll aufblühen lassen.**

Vereinigung

Wie finden sich Menschen zusammen, die in Gleichberechtigung leben und den inneren Drang nach Selbstverwirklichung, Intuition und Harmonie haben? Ganz einfach: *durch die Resonanz.* Denn so, wie es die sieben hermetischen Gesetze sagen, erschaffen wir uns selbst unsere Realität. Alles, worauf wir achtgeben, manifestiert sich in unserer Wirklichkeit. Jedes Problem wird überhaupt erst dadurch zum Problem, dass wir uns darauf versteifen. Würden wir also vorurteilsfrei in ein Gespräch gehen, so würde es sich ganz anders entwickeln. Plötzlich steht uns nun nicht mehr unser beschränkter, ignoranter Glaube dem eigenen Entwicklungsweg entgegen, denn das gesamte Wissen unseres Körpers, Unterbewusstseins oder wie man es nennen mag, kann sich in unsere Realität integrieren und manifestieren.

Jede Entscheidung, die du triffst, kann jederzeit dein gesamtes Leben verändern. Zum Guten wie zum Schlechten. Bedenke: Erst du selbst hast dich auch in diese Situation in deinem Leben gebracht, in der du nun stehst. Und somit bist du auch verantwortlich für alles, was dir in deinem Leben passiert. Schiebe die Schuld nicht auf die Menschen in deinem Umfeld, auf deine Erziehung oder sonstige äußere Faktoren. Du hast jederzeit die Kraft, loszulassen und zu verändern. Dabei ist das Ziel nicht in dem Gefühl des Verantwortungsbewusstseins zu versinken, sondern den Mut zu haben, jeden Tag aufzustehen und Positivität in die Welt zu bringen. Und sorge dich nicht. Du bist nicht allein auf deiner Reise. Ganz im Gegenteil. Sobald du dir dieser Erkenntnis bewusst wirst, wirst du Menschen anziehen, die dasselbe fühlen, die dich unterstützen können. Und dann funktioniert praktisch alles *wie von Zauberhand*. Denn jeder bringt bestimmte Eigenschaften mit, die dich persönlich, aber auch die Gruppe von Menschen, mit der du dich umgibst, ergänzen können. So entsteht dann eine arbeitsteilige Gruppe, in der jeder zu dem großen Gesamtbild beiträgt, dass für das Leben, *für euer Leben* und eure Ideale entscheidend ist. Gewiss, es ist wichtig, sich auf andere Menschen einlassen zu können und sie auch so anzunehmen, wie sie sind. Denn dann werden sie es dir gleichtun. So denke also an diese Worte, aber verlier dich nicht in ihnen. Denn was sie dir versuchen zu sagen ist, du bist erst in der Gemeinschaft, in deinen Beziehungen glücklich. Hinterfrage nicht ständig dein Glück, sondern versuche, es auch mal anzunehmen und dafür dankbar zu sein, dass wir Gruppen bilden können.

Es gibt keine Gemeinschaft mit Bestand, die nicht auf die Zukunft ausgerichtet ist und ihre Kultur wahrt; die nicht die Gegenwart plant und die Organisation übernimmt; die nicht hart arbeitet und trotzdem das Leben mit Spaß genießt; die nicht anderen gibt und dennoch selbst auch für sich nimmt. So ist ohne Frage eine Struktur notwendig. Aber definitiv eine liebevolle Ausrichtung mit einer Freude auf das, was noch auf euch zukommt, sodass dieses Geschenk der Gemeinschaft aufrechterhalten werden kann, auch für zukünftige Generationen. Denn der Wandel stoppt nicht plötzlich, sondern wünscht sich das gute

Leben für alle Lebewesen. Gehe also auf andere mit Empathie zu, nimm dir, was dein ist, und gib anderen, was das Ihre ist. Aber lass es nicht an Güte und Freude für deine Mitmenschen mangeln. Denn *sie* sind deine Zukunft. **Und sich aneinander auszurichten ist die einzige Möglichkeit, um das Leben auf der Erde zum Paradies zu machen.**

Vor allem also ist die Gegenwart entscheidend und nicht sich in der Vergangenheit oder der Zukunft zu verlieren. Das Leben und alle Entscheidungen finden immer im Moment statt. Daher hast du auch alles, was du brauchst, jederzeit bei dir. Und sollte dir etwas fehlen, so solltest du dich auch auf die Menschen in deinem Umfeld verlassen können. Dennoch: Verkrampfe dich nicht, versuche nicht, alles zu kontrollieren oder zu bestimmen, sonst wirst du in deiner Erwartung enttäuscht. Jeder Mensch versucht stets, nur nach bestem Willen zu handeln und nach dem, welches Wissen er gerade zur Verfügung hat, solange er es nicht besser weiß. Umso wichtiger ist es, Gleichgesinnte zu haben, die zu deinem Lernprozess beitragen und dir etwas beibringen können, worüber du dir noch nicht bewusst warst.

Lernen bedeutet, sich dem Leben anzunehmen und von seinem auf Zwang ausgerichteten Ego ablassen zu können. Wo sollte dies besser gelingen als in unseren tagtäglichen Beziehungen? Anstatt zu versuchen, dein Ego zu beweisen, versuche doch mal, dir selbst zu beweisen, dass du das Positivste aus dir ziehst und es an andere weitergibst. Frei nach dem Motto: *Lächle einfach, vielleicht vergisst du mit der Zeit, dass dort in dir je eine große Traurigkeit in geherrscht hat.* Die Traurigkeit hat im Zweikampf keine Chance gegen die Liebe und Freude. Denn das Gefühl von Fülle kann sich exponentiell steigern und dich umso näher an deine Ziele und deine Bestimmung bringen.

Was ich dir sagen möchte: Umgib dich mit den richtigen Mitmenschen, die deinen Lernprozess fördern können. Lasse niemanden außer Acht, doch zwinge dich nicht zu überspielen. Versuche, dich in deinen Beziehungen von der Leichtigkeit lenken zu lassen, die durch den Glauben an deinen Mut, deine Aufrichtigkeit und Gerechtigkeit entsteht. Wähle bedacht aus und sei nicht leichtsinnig. Ein klarer Verstand und ein reines Herz werden dir gute Weggefährten bescheren. Verlaufe dich also nicht in deinem

Ansehen und deinem Status, sondern schau hin und wieder richtig hin, wer einen Platz in deinem Leben verdient. Jede gute Beziehung fängt mit Respekt und Freundlichkeit an und endet in Vertrauen und Wertschätzung. Und worin jene Eigenschaften münden, ist nicht weniger als die Liebe.

Gruppengröße

Mit wie vielen Menschen soll ich mich nun umgeben, denen ich meine besten Eigenschaften weitergeben soll? Kann ich wirklich jedem gleich vertrauen und jeden gleich wertschätzen? Muss ich sogar jeden lieben lernen?

Erst einmal: *Alles kann, nichts muss.* Wir müssen nichts tun, was wir nicht wollen. Wir haben immer die Entscheidungsfreiheit, uns zu verweigern. Du hast allerdings auch die Möglichkeit, dich mit dem zu umgeben, was dir und anderen eine Hilfe in deiner Entwicklung ist. Und das ist höchst individuell, denn die Begegnung mit anderen sollte immer in Liebe und ohne Wertung erfolgen - die Umgebung kannst du dir dabei frei wählen. Ob du nun Einsiedler wirst oder prominent, der Entwicklungseffekt auf deinen Charakter erreicht im Endeffekt dasselbe. Dabei kann ich aus Erfahrung einen Tipp geben, der deinen Entwicklungsweg möglicherweise etwas beschleunigt: *Lasse in dein Leben, wer dich in sein Leben lässt.*

Es ist sehr leicht zu erkennen, wer nur nimmt, anstatt zu geben. Man sollte sich dessen gewahr werden. Ob nun Kommune, Dorf, Stadt oder Metropole - du kannst alles tun, was du für richtig hältst und mit jedem in Kontakt treten, den du für interessant hältst. Wir sollten uns dabei nur die Natur zum Vorbild nehmen und schauen, was anderen Lebewesen guttut. Natürlich ist dies kein universelles Gesetz, denn es gibt durchaus Menschen, die in einer Großstadt vor Glück strotzen – kennst du so jemanden? – und dennoch ist für die meisten Menschen in ihrer Entwicklung die Festigung des Familien- und Freundeskreises von entscheidender Bedeutung. Denn bedenke: Wenn du weißt, wo du herkommst, dann weißt du auch, wo du hingehen kannst, denn du verlierst dich nicht in dem Meer aller Möglichkeiten. Es ist leicht möglich, die natürliche Begrenzung von Lebewesen in der Natur zu studieren, denn sie dient ihnen zur Entscheidungsfindung.

Wer erkennt, wie viel in unserer Moderne möglich ist, der kann aber auch leicht in die Gleichgültigkeit verfallen, da das Angebot zur Entscheidungsfindung zu hoch ist. Für das Internet gilt dasselbe. Diese riesige elektronische Bibliothek steht uns erst seit einigen Jahrzehnten zur Verfügung und umfasst ein solches Wissen, dass, wenn man nicht weiß, wonach man suchen soll, man sich wie in einem Irrenhaus verläuft. **Anders sieht es aus, wenn man nach konkreter Hilfe sucht und weiß, was man braucht.** Dann wird man immer Gleichgesinnte finden, die Tipps, Hilfestellungen und Ratschläge geben können. Aber wie gesagt: Erst wenn das Fundament; die Basis bestehend aus Arbeit, Kompetenz, Gemeinschaft und Ziel schon vorhanden ist, bin ich mir meiner Suche nach dem kurzfristigen oder langfristigen Glück bewusst. Und so ist es in der Gemeinschaft wichtig, die Größe zu bestimmen, denn so kann eine bewusste Aufgabenverteilung geschehen, die die Bedürfnisse der Gruppe bewusst befriedigen kann. Nehmen wir nun exemplarisch folgendes Beispiel:

Wie bei Schimpansen zu beobachten ist, dem genetisch nächsten Verwandten unserer Spezies, beschränkt sich die Gruppenstärke auf maximal 150 Individuen. Allen voran liegt der Grund für die Gruppengröße im Schutz vor Fressfeinden und die Erhöhung der Lebenskompetenz (Überleben). Bei mehr Individuen wird es schwierig, die sozialen Bindungen untereinander aufrechtzuerhalten und den Gruppenzusammenhalt zu gewährleisten, ohne in Zwietracht zu geraten. Zwar finden wir hier ebenfalls ein hierarchisches Zusammenleben vor, allerdings ist die Gruppenführung jederzeit für jedes Mitglied anzweifelbar. Jeder kann die Dominanz, also die Führungsqualität des Alpha-Männchens infrage stellen und zum neuen Anführer erhoben werden. Hier zu ergänzen sei die Fähigkeit des Menschen, die Konflikte durch die Sprache ohne Gewalt zu lösen, sodass ein Kampf um die Dominanz auch durch eine Argumentation infrage gestellt werden kann. **Aus diesem Beispiel können wir lernen, dass sowohl eine Gleichberechtigung notwendig ist, wie wir bereits gelernt haben, aber auch eine anerkannte, aber anzweifelbare Führung der Gruppe notwendig ist, um das Wohlergehen der Gruppe zu sichern.** Denn ohne Führung verläuft sich die Gruppe im Nichts. Wie Fußspuren, die im Sand hinterlassen werden, vergeht die Gruppe einfach durch ihre Instabilität und fehlende Selbsterhaltung in der Umwelt. Es sei ganz klar gesagt, dass mit Führung keine Diktatur gemeint ist. Auch Gruppentiere leben in einer annähernd demokratischen Gesellschaft (Herrschaft des Volkes), in der jedes Individuum eine Stimme hat und die Macht des Gruppenführers anzweifeln kann. Die Macht ist also auf gesamte Gruppe verteilt, lediglich mit der Einschränkung, dass es einen Führer der Gruppe geben sollte. Da jedoch weder Diktatur noch Anarchie eine nachhaltige Lösung bieten, kann wie immer nur die goldene Mitte eine Lösung bieten:

Eine überlebensfähige Gruppe muss einen Ordner, Repräsentanten, Führer oder wie man ihn nennen möchte, berufen, der die Bedürfnisse der Gemeinschaft auffasst und durch gemeinsamen Entscheid erfüllt. Damit hat der Ernannte lediglich die Aufgabe, dem Volk tatsächlich Stimme zu geben, sodass gemeinsam regiert werden kann. So herrscht nicht ein Kreis von Abgeordneten, wie wir es in unserer repräsentativen Demokratie finden, sondern das Volk. Es kann keinerlei Unterdrückung entstehen, keine Verhetzung und auch kein Hass. Denn das Volk regiert sich selbst. Und solange sie in Liebe regieren, braucht es keine anderen Gesetze zur Unterdrückung angeborener Triebe. Jeder kann bei entsprechender Gruppengröße angehört werden und es werden Kompromisse gefunden, mit denen alle Angehörigen einverstanden sind. Zumal in einer Gruppe von maximal 150 Individuen jeder sich gegenseitig kennen und wertschätzen kann, was in Metropolen und Städten nicht möglich ist.

Letztlich ist über diese Art des Systems nicht mehr viel zu sagen, bis darauf, dass es stets missbraucht werden kann, doch der Missbrauch wird in diesem System durch die geringe Gruppengröße minimiert. Dadurch, dass die Gemeinschaft durch das vorgegebene Ziel der Harmonie für sich selbst verantwortlich ist, entstehen nur Konflikte für die kleine Gruppe an Menschen und nicht für eine riesige Masse an Menschen. Damit kann keine Schuld mehr anderen Menschen gegeben werden, weder dem Arzt noch dem Politiker oder Bauern. Die Kommunikation ist wesentlich leichter und nicht mehr so anonym, wie es in unserer schnelllebigen Zeit der Fall ist. Die Kommunenbewohner sind voneinander abhängig und miteinander verwoben. Alle sind eins.

Ich frage euch: Wer würde seiner liebenden Familie ohne Grund Schaden zufügen wollen? Allein der Gedanke daran löst schon Abscheu aus. Wenn wir alle leben würden, wie in einer überschaubaren Familie, in der wir unsere Rolle mit Freude erfüllen und uns in uns selber und miteinander weiterentwickeln, so könnten wir das größte Glück für alle Menschen erreichen, ohne zu versuchen, die Probleme im Äußeren zu bekämpfen. Denn alle erschaffenen Probleme sind erst durch die Unzufriedenheit des Zusammenlebens entstanden - dabei macht die Psychologie keine Ausnahme und führt durch die Geschichtsschreibung einen einwandfrei nachvollziehbaren Abwärtstrend mit sich, der die immer weitere Vereinsamung und Abhängigkeit des Menschen beweist. **Sich frei zu denken und leben zu können, ist der erste Schritt, um sich aus der Abhängigkeit zu lösen und Frieden zu schaffen.** Sobald die eigenen Fertigkeiten geschult werden und sich die Verantwortung des Zusammenlebens auf eine kleine Gruppe von Menschen beschränkt, fallen die Fesseln und der Zwang des Gutbürgertums vom Menschen und es kann endlich begonnen werden, in Frieden zu leben. Alles ist gut, wie es geschaffen ist. Das annehmen zu können, zeugt nicht nur von Entschlossenheit, sondern auch von Empathie gegenüber allem Lebenden. Als Teil alles Lebenden kann sich der Mensch nun auf die nächsthöhere Ebene des Erkennens begeben. Ein Erkennen, in dem er eingebettet ist, welches die Natur umschließt und der Mensch sie als seinen Schöpfer anerkennt. Sobald sich die Gruppengröße der Menschen von Metropolen reduziert und zur Natürlichkeit zurückkehrt, verschwinden auch alle damit verbundenen Probleme: Abgase, Müll, Unfälle, Zeitnot, Stress, Krankheiten und alles weitere. **Die Entdeckung der Langsamkeit in der Natur befreit aus dem Zwang von Stress und Hektik und erschafft eine Welt, in der mit Gemächlichkeit, Ruhe und Zuverlässigkeit seiner Arbeit nachgegangen werden kann.** Umso schöner, die Früchte seiner Arbeit mit seiner Familie und Freunden teilen zu können.

Kommunikation

Einer der größten Errungenschaften der Menschheit ist zweifelsohne das Internet, ohne das eine weltweite Vernetzung nicht möglich gewesen wäre - und somit auch keine Idee von Kommunen bzw. arbeitsteiligen Kleingruppen verbreitet werden könnte. Denn um sich selbst mit einer nur geringen Anzahl von Menschen im Umkreis zu bewirtschaften, ist eine Anbindung an die Außenwelt zwingend notwendig. Fällt sie Selbstbewirtschaftung aus, fehlen bestimmte Fähigkeiten in der Gruppe oder müssen diese noch erlernt werden und möchte man Kontakt mit Freunden und Familie halten, so leistet das Internet einen großen Dienst. Wird das Internet im richtigen Maße verwendet und mit genügend Dankbarkeit in die Gemeinschaft eingebettet, so wird das Risiko moderner Internetphänomene wie *Hetze*, *Shit-Storms*, *ständige Werbung* und *sonstige geistige Störfaktoren* minimiert. Dank der drahtlosen Kommunikation können wir uns auf das Fundament unseres Lebens besinnen, die Arbeit und die Gemeinschaft, ohne das Gefühl der Einöde zu erleben, welches sich immer häufiger durch psychologische und somatische Probleme in Großstädten zeigt.

Das von der Autorin Flora Tristan angestrebte Modell der Workers Union, die Arbeitervereinigung und somit endgültige Befreiung von der Aristokratie, kann nur durch den Austausch von Wissen und Unterstützung ohne Zeitverlust geschehen. Denn wer seinen Arbeitsalltag mit pendeln und langen Wartezeiten gestaltet, der büßt nicht nur an Effizienz in lebenswichtigen ökonomischen Tätigkeiten ein, sondern wird auch jede Menge Stress produzieren. Hierbei geht es also nicht mehr um einen wertvollen Geldverlust, sondern um einen Verlust an Lebensqualität und Arbeitszeit, somit Verpflegung und auch Freizeit sowie den gemeinschaftlichen und entspannenden Aktivitäten. **Erst ein Ausgleich zwischen Anspannung (Arbeit) und Entspannung (Vergnügen) kann langfristig gesund halten.** Eine Überbeanspruchung des Nervensystems, in der Biologie speziell den *Sympathikus* genannt, führt zu einer real erfahrbaren neurophysiologischen Reaktion, einer Überbeanspruchung bestimmter Hormone, wie etwa Cortisol und Adrenalin. Akut sind diese Hormone unentbehrlich, denn erst die Anspannung aktiviert uns und ermöglicht so auf biochemischer Ebene unsere Bewegung. Langfristig führt die Sympathikotonie jedoch zu diversen altersbedingten Krankheiten sowie

dem metabolischen Syndrom. Neuere Forschungs-
ansätze zeigen sogar, dass so ziemlich alle uns bekannten Zivilisationserkrankungen auf Stress und die
entsprechenden Stresshormone Cortisol und Adrenalin zurückzuführen sind.[25,26]

Wichtig ist auch hier wieder die goldene Mitte, das
Gleichgewicht im Auge zu halten. Zu wenig Stress ist
ebenfalls ungünstig und führt zu Erkrankungen, die
die Unfähigkeit zur Anpassung neuer Umwelt- und
Aktivitätsbedingungen bedingen. Bewegung ist im
richtigen Maß einer der essentiellsten Regeln im Leben und sollte mit der richtigen Haltung bzw. Einstellung ausgeführt werden. Sowohl bei der Arbeit
als auch in der Freizeit führt die Liebe zur jeweiligen
Aktivität zu mehr Zufriedenheit. Wer das, was er tut,
nicht wertschätzen kann, der wird zwangsweise un-
glücklich werden, denn die Tätigkeit verliert ihren individuellen Wert. Sobald die Tätigkeit ihren Wert
verliert, leidet auch die Gesellschaft darunter, denn
in jeder sinnvollen Ökonomie wird in Harmonie zusammengearbeitet. Merke dir nun: **Soll die Gemeinschaft in Frieden leben, so ist eine sinngebende Arbeit in harmonischer Aktivität notwendig.** Das Internet sollte nicht zum Störfaktor werden, sondern die

Gemeinschaft unterstützen, da körperliche Arbeit zum ausgewogenen Leben dazugehört. Der bereits erwähnte Naturforscher Viktor Schauberger hat ein sehr passendes Buch geschrieben, das da heißt: „Unsere sinnlose Arbeit".

Wie es in den letzten Jahren vermehrt zu erkennen war, gibt es ein internationales Umdenken, was die Sinnhaftigkeit und den Wert der Arbeit betrifft. Alle Konzepte, darunter beispielsweise die bei Automobilherstellern angewendete *Lean-Production*, setzen auf Standardisierung und Ressourcenoptimierung, um Verschwendung zu vermeiden. Dabei werden Arbeiter so weit reduziert, dass sie nur noch kleinste Arbeitsschritte zu befolgen haben. Das Statistische Bundesamt verzeichnet gleichzeitig öffentlich einsehbar im letzten Jahrhundert eine immer weiter ansteigende Tendenz zur Arbeitsunfähigkeit durch psychologische Probleme und Überlastung. Wer sich von der Natur leiten lässt und das natürliche Wesen von Menschen erkennt, der versteht auch, was hinter den Problemen steckt: **Kein Lebewesen befolgt standardisierte Abläufe im Alltag.** Es gibt zwar Gewohnheiten, jedoch strebt jedes Lebewesen nach dem geringstmöglichen Arbeitsaufwand. Dabei werden die kreativsten Arbeitstechniken (z. B. Jagd- und Sammelmethoden) entwickelt. Letztlich sollte sich so auch die Arbeit eines Menschen gestalten. Die Freiheit, den Arbeitsalltag zu gestalten, wie es dem eigenen Gefühl entsprechend ist, ohne sich seiner Verantwortung zu scheuen, ohne die Bedürfnisse von sich und der Gruppe zu vernachlässigen sowie sowohl Arbeit als auch Entspannung zu genießen: Denn wenn ein Tier jagt, isst und anschließend entspannt, dann ist es eins mit der Tätigkeit. Es spürt zu jeder Sekunde die Wichtigkeit des Momentes. Es gibt Achtung auf seine Umgebung, gerade weil es sich um sein *jetziges Anliegen* kümmert. Kann der Mensch diese natürlichen, ihm angeborenen Fähigkeiten wieder erlernen und vertiefen, steht sowohl dem eigenen Heil, als auch dem der Gruppenökonomie nichts im Wege. Zu viele Ablenkungen durch Social Media & Co. bedeuten gleichzeitig auch Einbußen in Entspannung und Ruhe (wobei der Grund, weshalb Social Media konsumiert wird sicherlich ein anderer ist).

Wird nun die Arbeitsweise beachtet, so kann über die eigenen Fähigkeiten hinaus Wissen mit anderen Kommunen ausgetauscht werden. Je nach Lage der

Kommune und Vorliebe werden beispielsweise unterschiedliche Pflanzen angebaut, Tiere gehalten oder Materialien zum Bau verwendet. Entsprechend verändert sich auch die Kultur, die bewahrt werden muss, das Klima ist je nach Lage unterschiedlich, sodass sich die Planung für die Jahreszeiten verändern muss (u. v. m.). Durch die Erfahrung in der Selbstversorgung kann eine freundschaftliche Kommunikation gehalten werden, die die verschiedensten Gruppen nicht nur über den Austausch von Waren und Wissen verbinden kann: Es spricht nichts gegen gemeinsame Feste und Treffen - ganz im Gegenteil, dies ist mehr als erwünscht. **Worum es bei der Idee der Kommune lediglich geht, ist die alltägliche Mitarbeit und das Zusammenleben.** Dies bedeutet nicht, dass man sich von der Umwelt und Mitmenschen völlig ausschließt. Dadurch, dass der eigene Grundstamm in Friede und Eintracht lebt, wird die Freundschaft zu anderen Kommunen umso größer, da auch die Wertschätzung für sie steigt. Und gerade über mediale Kommunikationswege werden heutzutage Möglichkeiten geboten, die Arbeitervereinigung wesentlich zu erleichtern. Hierzu empfiehlt es sich Initiativen und Plattformen zu gründen, um das Vorhaben umzusetzen sowie Wissen bereitzustellen. Sobald die ersten Vorhaben in die Tat umgesetzt wurden, können sich andere von der Idee Begeisterte inspirieren lassen und ihre eigenen Ideen in die Tat umsetzen. **Niemand soll gezwungen werden, denn jeder Mensch möchte begeistert werden.**

Als große Bibliothek hat das Internet die Kosten von den Informationen genommen und sie in Richtung der Aufmerksamkeit (Werbung) verschoben. Heutzutage sind überall kostenfrei Informationen zu erlangen. Dies war eine weitere wichtige Möglichkeit, um selbstständig im Internet aktiv zu werden und Plattformen bzw. Foren zu errichten, in denen sich Menschen austauschen können. Der nächste Schritt ist die vollständige Befreiung des Internets von der monetären Gier, sodass jeder Interessierte nicht nur Informationen sammelt, sondern auch Wertvolles preisgibt. Eine zentrale Institution zur Organisation bestimmter Themen könnte hierfür hilfreich sein. Die verschiedenen Themen könnten zur Übersicht geordnet werden und Gelehrten noch schnelleren Zugang zu Informationen bieten. Das Internet gleicht inzwischen schon einem Ozean, in dem man sich leicht verlieren und ertrinken kann, wenn man nicht gelernt hat zu schwimmen. Daher ist die wichtigste

Erkenntnis jene, die uns zeigt, uns selbst in den Tiefen des Internets strukturiert zurechtzufinden und die erfahrenen Informationen richtig in unser eigenes Wissen einzuordnen.

Dazu drei Beispiele:

1. Es gibt unendliche viele Möglichkeiten, einen Kuchen zu backen.
2. Jede Pflanze hat eine subtile, unterschiedliche Wirkung und doch ähneln sie sich.
3. Und selbst ein Feuer sieht für uns gleich aus und macht dennoch verschiedene Tanzbewegungen.

Dies ist die natürliche Anlage allen Lebens, sich so divers zu erfinden, wie es nur möglich ist. Auch unsere Perspektive ist darin eingebunden, denn wie wir an bestimmte Praktiken herangehen, ist immer eine Frage der Geisteshaltung. Keine Information, die wir auffassen, ist per se falsch, ganz im Gegenteil, sie sind sich alle weitaus ähnlicher, als wir annehmen. Was sie jedoch unterscheidet, ist ihre Relevanz und Wichtigkeit für unser tägliches Leben. Je nachdem, von welcher Seite wir das Anliegen betrachten und was wir dazu lernen möchten, ist es also wichtig, das Gesamtbild erkennen zu können. Wie du Informationen richtig einordnen kannst, erfährst du wieder durch meine drei Beispiele:

1. Wenn ich mich zu sehr auf den Zucker konzentriere, weil ich möchte, dass mein Kuchen süß schmeckt, so verliere ich möglicherweise die anderen Zutaten und die Zubereitung aus dem Blick.

2. Wenn ich mich in den Inhaltsstoffen der Pflanze verliere, so verliere ich die gesamtkompositorische Wirkung der Pflanze, die auf den Organismus wirkt.

3. Wenn ich mich in der Schönheit des Feuers verliere und nicht auf es aufpasse, so verliere ich möglicherweise die Kontrolle.

Und so hat schließlich jeder Teilaspekt seine Wichtigkeit und trägt doch nur in spezifischer Relevanz zum Gesamtbild bei. Süße ist nicht nur lecker, sondern auch schädlich. Pflanzen wirken nicht nur förderlich, sondern auch destruktiv. Schönheit ist nicht nur wohltuend, sondern auch gefährlich. Nicht anders sollten wir das Wissen und die Erkenntnisse strukturieren: **Wir sollten den Blick für das Bekannte offenhalten und doch nicht für das Unbekannte verschließen.** Wie ein Puzzlestück, das an die richtige Stelle gehört, findet jeder neu dazu gewonnene Wissensaspekt seinen bestimmten Platz in den eigenen Fähigkeiten. Dann entscheidet die korrekte Anwendung darüber, ob ich wissentlich dazu bereit war, das Erfahrene richtig zu erlernen und auszuführen.

Um die Arbeit richtig ausführen zu können, ist das Internet eine große Hilfe. Um aber auch einen sinnvollen Beitrag zu leisten, sollten wir offen für andere Meinungen sein. Diese Meinungen sollten nicht nur stupide Beschreibungen der Wirklichkeit liefern - *der Kuchen braucht 150 g Zucker* - also *das Was*, sondern auch die Erkenntnis selbst, *das Wie* und *Warum*. Demnach wäre auch wichtig zu wissen, dass *weniger Zucker den Teig spröde macht* oder *zu viel Zucker den Kuchen zu süß*. Die Offenheit über das Gehörte sowie die richtige Einordnung in den eigenen Erfahrungshorizont durch die Umsetzung führt dann schließlich zu einem immer weiter schreitenden Lernprozess, der das Leben der Gemeinschaft wesentlich erleichtert. Dabei ist ein Arbeiter auf seinem Spezialgebiet ebenso wichtig wie jeder andere. Die

Gemeinschaft besteht schließlich nur dadurch, dass Gleichberechtigung in Vertrauen gelebt wird, aber auch die Diversität der Fähigkeiten wertgeschätzt wird. Wie diese Verteilung von Fähigkeiten in Größe und Spezifität im Optimalfall aussehen könnte, dass sehen wir nun.

Aufgabenverteilung

Besonders wichtig für den Aufbau eines sich selbst befruchtenden Organismus ist die Ausführung einer klaren, sicheren und höchst individuellen Berufung. Jegliche verrichtete Tätigkeit muss den eigenen Gaben, Talenten und Fähigkeiten entsprechen, sodass *der Berufene* vollständig in seiner Arbeit aufgeht und sie mit Liebe ausführen kann. Dies geschieht nur, wenn die angeborenen Talente in der Gemeinschaft gefördert werden und dem Berufenen eine entscheidende Rolle zukommt, die seinem Wesen und dem der Gruppe vollkommen entspricht. So kann eine Zusammenarbeit erschaffen werden, in der sich jeder als unersetzliches, aber bescheidenes Teil eines Organismus versteht. Besonders in den letzten Jahrhunderten hat die Arbeit eine Form der

Sinnlosigkeit angenommen, die dem Menschen ein Gefühl von Leere und Nutzlosigkeit vermittelt. Vor allem durch die zunehmende Institutionalisierung und Rationalisierung wurde die Leidenschaft immer weiter eingedämmt und der materielle Wohlstand als höchstes Gut anerkannt. Dabei geht es um wesentlich mehr als nur die materielle Absicherung zum eigenen Überleben - sobald der Mensch seine Bedürfnisse durch seine Arbeit und Gemeinschaft befriedigt hat, kann er sich seinem eigentlichen Wesen hingeben: *der Spiritualität.*

Um dieses Ziel zu erreichen, müssen wir jedoch erst einmal feststellen, dass jeder Organismus auf Individualität angewiesen ist. Beim Menschen ist dieses Bedürfnis einwandfrei nachweisbar. Aber eben auch Tiere weisen spezialisierte Fähigkeiten auf, darunter etwa die Schnelligkeit des Geparts als Raubtier (über 100 km/h), der Fähigkeit einer Spinne ein Netz als Bleibe zu bauen, das Sehvermögen eines Adlers Beute aus der Luft zu jagen oder der Echoortung von Kalmaren durch den Pottwal. Durch jene Fähigkeiten entsteht ein gewisser Vorteil gegenüber anderen Lebensformen. Eine wirkliche Unabhängigkeit von der Herde oder Beute gibt es jedoch niemals. Leben ist auf die Arterhaltung ausgerichtet und so wird eine gemeinsame Aktivität, sei es nur durch die Fortpflanzung, unumstößlich (vgl. bspw. die Putzsymbiose). Wird ein Zusammenleben möglich, wie es bei Gruppentieren der Fall ist, so kann sich ein Vorteil durch den Schutz der Gruppe einstellen. Die Diversität der natürlichen Ausstattung des Menschen ermöglicht zudem eine komplexere Art der Lebensform, in der nicht mehr nur die Triebe (Überleben und Fortpflanzung) im Vordergrund stehen, sondern alles, was darüber hinaus geht: Kulturen, Traditionen, Lehren und Überlieferungen, die durch die Zeit in Form von Schriftwerken und Sprache weitergetragen werden, um einen weiteren konstanten und schnellen geistigen Wandel zu ermöglichen. Je mehr der Mensch sich als ein spirituelles Wesen anerkennt und von seiner materiellen Existenz ablässt, desto mehr ergeben die sich für uns wichtigen Tugenden, die uns durch Harmonie im Alltag beflügeln.

Bedenke: **Kein anderes Lebewesen hat so viele Möglichkeiten wie der Mensch, sich Fähigkeiten anzueignen, vom Handwerk bis zur Technologie.** Werden die geistigen Kapazitäten und Fähigkeiten ausgebaut und ausgenutzt, die zu Synergieeffekten in

Arbeit und Gemeinschaft führen, dann kann der Mensch sein Bewusstsein weiter schärfen und sich seiner Frage nach Selbsterkenntnis widmen. **Der Ausgang für jede menschliche Entwicklung ist also nichts weiter als die Manifestierung einer Idee im Geiste, die sich dann im Materiellen widerspiegelt, sodass das Leben vereinfacht und zielgerichtet wird.** Zugegeben, nicht alle Erfindungen haben zu unserem Wohl geführt – wie etwa die Atombombe - der erste Gedanke war jedoch stets die Sicherung der eigenen Existenz. Für den Atomphysiker Edward Teller war die Atombombe eine super Erfindung, weil er damit gehofft hatte, dass alle Kriege der Welt beendet werden könnten.[27] Natürlich ist dieser Gedanke eine Farce. Solange es Kriegswaffen gibt, wird es Kriege geben. Solange derjenige Frieden bringen will, der auch der Stärkste sein will, kann es kein friedliches Zusammenleben geben, sondern nur Unterdrückung. Wer sich jedoch auch um das Überleben seiner Mitlebewesen kümmert, der wird davon auch profitieren. Auch in der Natur ist Kooperation vorteilhafter als Konkurrenz. Kämpfen bedeutet immer Rückschritt in der Natur. Fortschritt wird nur durch Zusammenarbeit und Gleichschritt möglich. Selbst unsere körpereigenen Energieproduzenten, die in den Zellen vorkommenden Mitochondrien, waren laut Wissenschaftstheorie einst freilebende Lebewesen. Um sich jedoch vor Fressfeinden zu schützen, haben sie sich mit unseren Körperzellen verbunden. Die eigene Schwäche wurde erkannt und sich dann für die Zusammenarbeit entschieden. So und nicht anders sollte die Devise des Menschen lauten: **Zusammenarbeit durch arbeitsteilige Spezifizierung in geistiger Ausrichtung. Jeder trägt seinen Teil zur Harmonie bei, wenn wir anfangen, uns Selbst in der Welt wiederzuerkennen und unsere Verantwortung tragen.**

Im Laufe der Zeit haben sich einige kulturell geschaffene Berufungen auf der ganzen Welt entwickelt, die schon heute nicht mehr aus dem Leben des Menschen wegzudenken sind. Auch hier ist erkennbar, dass jene Berufungen weit über das Verlangen des Überlebens hinausgehen. Vielmehr sind sie auf Kreativität und Individualität ausgerichtet. Somit entstehen in jeder Sektion des Menschen Künste, die zur Verbesserung der Lebensqualität in der Gemeinschaft beitragen. Würde es stupide darum gehen zu überleben, so wäre die Mühe beim Backprozess eines Kuchens fatal, denn sie raubt Zeit und Energie.

Aber es ist eben jener Aufwand, der für Harmonie durch Wertschätzung in der Gemeinschaft sorgen soll. Jedes individuelle Endprodukt eines Handwerks ist ein Unikat, dass ein ebenso einzigartiges Lebewesen mit Zufriedenheit ausstatten soll.

Insgesamt habe ich 12 verschiedene und unersetzliche Praktiken identifiziert, die eine Gemeinschaft zur sinnstiftenden Erhaltung erfüllen muss. Keine Arbeit ist wichtiger als die andere, jeder Arbeiter trägt in seinen Bemühungen zum Wohlstand aller bei. Durch die unterstützenden Erkenntnisse der Moderne ist es erstmals möglich, einen hohen Lebensstandard auch in einer relativ kleinen Gruppe aufrechtzuerhalten. Hierfür sind die bereits besprochenen Informationen unentbehrlich. **Dabei ist wichtig zu erkennen, dass die nun folgenden Ausführungen meine Perspektive widerspiegeln und nicht allgemeingültig aufgefasst werden sollten.** Wie in jedem sinnvoll ausgerichteten System sollte Gleichheit herrschen, keine Unterdrückung. Es darf jedoch auch keine Führung fehlen, deren Basis Freunde und Familie sind. Streit ist Gift für jedes System und jeder Zwiespalt führt zu Ausgrenzungen, Missbilligungen, Verleumdungen und vielen weiteren Disharmonien. Die Konzentration sollte auf der harmonischen Kommunikation liegen. **Keine Nation hat es bisher wirklich verstanden, wie wichtig Harmonie für den Wohlstand einer Gesellschaft ist.** Dies erkennt man jetzt auch wieder anhand der COVID-19-Pandemie. Selbst in schwierigen Zeiten kann durch die Hilfe für andere der Wohlstand aufrechterhalten werden. Wenn die Ebenbürtigkeit und die gegenseitige Einflussnahme von allen anerkannt werden würde, könnte sich der Möglichkeit zur Erstellung bestimmter Gemeinschaftsposten gewidmet werden, die sich natürlich gegenseitig regulieren und ordnen sollten. Niemand erhält uneingeschränkte Macht - nein, die Gemeinschaft selbst erhält die Autorität. Eine beispielhafte Etablierung der Kleingruppe wird nach der Vorstellung der Berufsmöglichkeiten aufgestellt.

In dieser Kleingruppe können nur Menschen miteinander leben, die sich lieben und achten. Anders geht es nicht! Es muss die stetige Bereitschaft für einen gerechten Wandel herrschen. Die Hoffnung darauf, dass die materielle und spirituelle Entwicklung immer fortgeführt wird, ist die Grundlage allen Lebens. Auch die Aufteilung dessen, wer welchen Beruf übernimmt, sollte in Harmonie geschehen. Wer nicht bereit ist, Kompromisse einzugehen, der wird auch langfristig schwerlich Zusammenleben können. Vielleicht ist das Leben in einer anonymen Gruppe ohne Harmonie möglich – aber dieses Leben ist ganz sicher nicht gerecht und zufriedenstellend. Auch in Partnerschaften gilt dieses Prinzip. Was wäre eine Partnerschaft ohne Teilen? Wählt also bedacht, überlegt euch, in welcher Position ihr euch sehen könnt, aber versteift euch nicht darauf. Denn Talente und Anlagen besitzen wir Menschen einige. Schließlich ist auch immer mehr die innere Haltung zum Beruf entscheidend für die Zufriedenheit.

Dennoch: Wenn du dich dir selbst in 20 oder 30 Jahren vorstellen kannst, so sollst du stets gerne deinen Beruf ausführen wollen. Erkenne also dein inneres Selbst, deine Leidenschaft zum Erschaffen, dein inneres leuchtendes Feuer und trage es durch deine Berufung in die Welt. Deine Freunde und Familie werden es dir danken.

„Leben in der Liebe zum Handeln und Lebenlassen im Verständnis des fremden Wollens ist die Grundmaxime des freien Menschen." —Rudolf Steiner

Der Ökonom

Die ersten beiden nun vorgestellten Arbeiten sind die Beschaffung von Nahrungsmitteln durch Anbau von Nutzpflanzen und Haltung von Nutztieren. Keine Gruppe kann ohne Nahrung überleben und so kommt gerade diesen beiden Berufungen eine essentielle Wichtigkeit zu. Sie bilden die Grundlage für das Überleben und ermöglichen so der Gruppe die spirituelle Festigung. Wird der Gruppe die Sorge um materielle Sicherheit genommen, kann mehr Raum für Positivität entstehen.

Dabei ist es unheimlich wichtig, sich seiner Tätigkeit und seines Wissens bewusst zu sein. Diese Tätigkeit umschließt harte körperliche Arbeit, aber eben auch bei entsprechender Ausrichtung eine fruchtbare Ernte. Die Haltung von Tieren kann auch sehr entspannend und wohltuend sein und bietet so den eng zusammenarbeitenden Ökonomen eine entspannte Arbeit. Tiere sind ebenso wie Pflanzen keine toten Roboter, sondern fühlende Mitlebewesen. So sollten sie auch behandelt werden. Es gibt auch keineswegs irgendeinen Zeitdruck bei der Arbeit. Die Versorgung einer geringen Anzahl von Menschen bedarf keiner massenhaften Abfertigung von Lebensmitteln, sondern sichere und fein abgestimmte Erträge. Anschließend an Ernte und Aufzucht kann die Zeit dann auch genutzt werden, um als Gerber oder Metzger tätig zu werden. Hierfür ist die Aneignung von Wissen aus Traditionen und Kulturen unerlässlich. Viel wichtiger als das theoretische Wissen ist bei diesem Beruf die praktische Erlernung. Dabei empfiehlt es sich, für eine bestimmte Zeit, die Kunst der Tierhaltung und des Pflanzenanbaus vor Ort bei Landwirten und Nutztierhaltern zu studieren. Ein entsprechender Katalog mit Anweisung zur Erlernung kultureller Praktiken der Ökonomen sollte in besonders leicht verständlicher Art und Weise in Zukunft zusammengestellt werden.

Diese Anleitung kann jedem Interessierten die Chance bieten, sich weiterzubilden und herauszufinden, ob der Beruf des Ökonomen eine erfüllende Tätigkeit darstellt. Der Katalog sollte zur Einfachheit für jeden Beruf im jeweiligen Arbeitsfeld erstellt werden. Besonders wichtig ist auch die Zusammenarbeit mit anderen Arbeitern: Hier stechen der komplementäre Beruf des Hauswirtschaftlers hervor, die für Weiterverarbeitung und Kochen der Nahrungsmittel verantwortlich ist, sowie der organisatorische Beruf des Planers, der für Rationierung und Ertragsplanung verantwortlich ist, hervor. Ein Beruf, der mit jedem synergistisch harmonieren sollte, ist der des Naturforschers. Der Naturforscher hat die Aufgabe, jede Praxis im Ansatz zu erlernen, die jeweiligen Arbeiter zu unterstützen und durch sein umfangreiches Wissen neue Methoden und Abläufe zu entwickeln. Letztendlich hat jedoch jeder Beruf einen wichtigen Anteil am Erfolg anderer Tätigkeiten zur Sicherung des Wohlstands.

Verwandte Berufe: Metzger, Fleischer, Landwirte, Floristen

Der Hauswirtschaftler

Jener Beruf des Hauswirtschaftlers ist für die Verwaltung, Organisation und Ordnung aller Prozesse verantwortlich, die sich innerhalb des *Privatlebens* abspielen. Im Idealfall wird in der Kommune gemeinsam zu den abgestimmten Mahlzeiten gegessen und viel Zeit während Arbeit und Freizeit miteinander verbracht. Hierfür fallen also die Aufgaben Kochen, Aufräumen, Reinigen, aber auch Verteilung und akute Planung an. Sicherlich sollte jeder Mensch für seinen eigenen Haushalt verantwortlich sein, doch was darüber hinausgeht, dafür haben die Hauswirtschaftler die Verantwortung.

Für dieses Unterfangen ist ein organisatorisches Talent von Nöten, ebenso wie ein besonderes Wohlwollen gegenüber den Mitmenschen. Es mag nicht immer unbedingt die schönste Arbeit zu sein, aber mit Sicherheit eine sehr erfüllende. Denn seinen Mitmenschen kann man sehr direkt seine eigenen Künste des Kochens zukommen lassen. Und auch jeder ist froh, wenn die Kommune sich in bester Ordnung befindet. Denn ein unaufgeräumtes Zuhause zeigt das Chaos an, das im eigenen Kopf herrscht.

153

Somit symbolisieren die Haushaltswissenschaftler zusammen mit den Ökonomen den tragenden Fuß bzw. das Bein der Kommune.

Die Beine erledigen jeden Marsch und ohne sich zu beschweren. Hier kommt die besondere Tugend der Zuverlässigkeit, des Pflichtbewusstseins und der Bescheidenheit ins Spiel. Kann man sich selbst nicht in wichtigen Momenten zurücknehmen, sondern besteht auf seinen egoistischen Bedürfnissen, dann könnte das Wohl der Gruppe darunter leiden. Wird aber im Gegensatz dazu die Tätigkeit mit Selbstzufriedenheit und Leidenschaft ausgeführt, so steht einem harmonischen Zusammenleben nichts im Wege.

Auch für den Beruf des Haushaltswissenschaftlers sollte ein Katalog an verschiedenen Tätigkeiten erstellt werden, der den Umfang und die Flexibilität aufzeigt. Durch die Diversität ist es wohl einer der umfangreichsten und kenntnisreichsten Berufe. Zusätzlich zu den genannten Pflichten können auch andere Kenntnisse erworben werden, die bei der Arbeit von Hilfe sein können: Darunter vor allem haushaltstechnische Fähigkeiten, die in Zusammenarbeit mit dem Ingenieur erlernt werden, Handfertigkeiten, die durch Holzfäller und Schmied vermittelt werden und Pflanzenwissen zur Einrichtung des Heims. Ein ständiger Kontakt mit dem Planer, Organisator und Naturforscher ist ebenso wichtig. Die Wichtigkeit des Haushaltswissenschaftlers zeigt sich besonders in seinen zwischenmenschlichen Beziehungen und seiner Zusammenarbeit.

Verwandte Berufe: Oecotrophologen, Köche, Erzieher, Tagesmütter, Gastronomen.

Der Ingenieur

Der Beruf des Ingenieurs ist eine Praxis, die nicht mehr aus der Zivilisation wegzudenken ist. Durch seine umfangreiche Ausbildung ist er dazu befähigt, verschiedene moderne Techniken in Bauwesen, Elektrik und Statik anzuwenden. Ingenieure sind Garanten für Frieden und Wohlstand, da sie die Sicherheit des Dorfes ermöglichen. Ohne das umfangreiche Verständnis über die praktische Anwendung des erworbenen Wissens wäre ein kontinuierlicher Verbesserungsprozess in allen Lebensbereichen unvorstellbar.

In erster Linie ist der Ingenieur für Errichtung und Sicherheit des Zuhauses jedes Bewohners verantwortlich. Hierzu zählen ebenfalls Konstruktionen, Aufbau und Erhaltung von Fassaden, Dächern und Einrichtungen, aber auch von Stromleitungen, Internetanschlüssen und technischen Geräten.

Somit werden hier bereits zwei zentrale Aufgaben ersichtlich: die des Architekten und die des Bauarbeiters. Auch wenn der Wissensumfang sehr hoch ist, so stehen dem Ingenieur alle Kräfte und Arbeiter der

Kommune zur Verfügung. Die Naturforscher hat die zentrale Aufgabe, den Ingenieur in allen Bereichen zu unterstützen und so seine eigenen Kenntnisse stets zu verbessern und wiederum Anregungen zu geben. In Zusammenarbeit mit den beiden zentralen Handwerkern, dem Tischler und dem Schmied, werden jegliche Praktiken schnell realisierbar. Somit kann der Ingenieur sowohl steuernd als auch praktisch fungieren.

Die Ausbildung zum Ingenieur dürfte wohl die längste zu erlernende Praxis sein und muss kontinuierlich modernisiert und angepasst werden. Die sich stetig verändernden Bedürfnisse in der Kommune, bedingt durch Wetter, Generationswechsel und Bewusstseinsentwicklung sollten stets befriedigt werden. Hingegen gibt es auch hin und wieder Phasen, in denen keine Probleme oder Bedürfnisse auftreten, in denen sich der Ingenieur der Weiterentwicklung seiner Kenntnisse widmen kann oder dem Schmied und Tischler zur Hand gehen kann. *Das A und O* der Kommune ist die Zusammenarbeit. Erst ein gütiger und gerechter Austausch von Wissen und Arbeit ermöglicht die gruppenspezifische Harmonie. Jeder Arbeiter stellt einen zentralen Dreh- und Angelpunkt dar, um den sich andere Berufe drehen. Nur so und nicht anders kann der Kapitalismus stückweise aus dem System entfernt werden und stattdessen die Arbeit als materieller Austausch genutzt werden.

Verwandte Berufe: Ingenieure, Architekten, Bauerarbeiter, Elektriker, Statiker, Gebäudetechniker

Der Tischler

Wenn sich die Kommune auf ihre ursprüngliche Natürlichkeit zurückbesinnen will – anders kann keine Spiritualisierung stattfinden – dann müssen in erster Linie natürliche Rohstoffe im Alltag genutzt werden. Hierfür steht ein quasi endloser Rohstoff zur Verfügung, wenn er nicht im Übermaß genutzt und verschwendet wird: das Holz.

Der Tischler ist ein Meister der Holzverarbeitungskunst und kann so jegliche Art von Technik anwenden, um den Alltag einfacher zu gestalten. Einfacher bedeutet: In Holzhäusern mit entsprechender Dämmung schlafen, anstatt draußen; Möbel herzustellen, anstatt auf dem Boden zu sitzen; Geschirr herzustellen, anstatt mit den Händen zu essen; Papier herzustellen, um Kultur festzuhalten, zu organisieren und zu planen sowie Kunst zu ermöglichen; und auch Werkzeuge herzustellen, um Tiere artgerecht zu töten, Pflanzen zu ernten, Wirkstoffe herzustellen und Nahrungsmittel zu kochen.

Manche Praktiken bleiben dem Schmied vorenthalten, der Glas und Metall herstellen können sollte, zur

Erstellung medizinischer Ausrüstung, Behälter (Flaschen, Gläser), Schmuck sowie Werkzeuge (Äxte zur Fällung von Bäumen, Zangen, Pflüge, Hacken etc.) und Tierrüstung (Hufe).

Darüber hinaus sollte der Tischler in Zusammenarbeit mit dem Schmied für den Nachschub der natürlichen Rohstoffe sorgen. Heißt: Bäume fällen und anschließend das Holz in jeglicher Form verarbeiten - vom rohen Zustand bis zum Endprodukt. Dazu gehört auch die Achtung vor dem Nachwachsen der Bäume und aller Lebewesen, die das mit einschließt. Wird die Ressource Holz knapp, so kann im Falle eines Strom- und Gasausfalls auch kaum noch mit Holz geheizt werden. Dabei sollte Holz eine zentrale Wärmequelle bilden und gerade auch bei nächtlichen Veranstaltungen für ein Lagerfeuer genutzt werden. Die Diversität der Rohstoffe und das Zusammenspiel ermöglichen einen schonenden Umgang mit der Natur. Es gilt: *Alles in Maßen.* Auch den Naturforscher schließt die Zusammenarbeit wieder mit ein. Durch sein umfangreiches Verständnis natürlicher Zusammenhänge ist er nicht nur zur Einschätzung und Beratung befähigt, sondern auch zur Praxis. Die kontinuierliche Weiterbildung in der Praxis ist der Kern wahren Verständnisses. Auch mit dem Ingenieur wird im Bauwesen eng zusammengearbeitet. Für alle weiteren Berufe stellt der Tischler die Ausgangsprodukte zur Verfügung (z. B. Fässer für die Ökonomen).

Verwandte Berufe: Künstler, Restauratoren, Böttcher, Holzfäller, Zimmerer

Der Schmied

Der Schmied stellt eine besondere Erweiterung für den Tischler dar. Der Tischler verarbeitet den Rohstoff Holz für die Nutzung des Zusammenlebens. Der Schmied verwertet härtere Materialien, wie (Edel-)- Metalle oder Glas, um Produkte zu entwickeln, die für einen längeren Gebrauch bestimmt sind. In komplementärer Arbeit bilden sie zusammen mit dem Ingenieur das Handwerk.

Wenn die beiden ökonomischen Berufe in Ergänzung mit dem Haushaltswissenschaftler sinnbildlich die Beine darstellen, so kann die Arbeit des Schmieds, des Tischlers und des Ingenieurs symbolisch als Arm der Gemeinschaft gelten. Ohne eine Hand, die feste zupacken kann, können keine komplexen Tätigkeiten ermöglicht werden. Ohne dieses Handwerk werden also auch alle anderen Berufe wahrlich erschwert. Sie sind zwar nicht im direkten Sinne überlebenswichtig, wie etwa die Beine und dennoch für die Gemeinschaftsform der Kommune unentbehrlich. Der Umschwung vom Nomadentum zur Sesshaftigkeit durch die neolithische Revolution hat die kulturelle Entwicklung sowie die Nutzung von

Schriftwerken ermöglicht. Zudem konnte wesentlich weniger Energie verbraucht werden, da nicht ständig nach neuen Nahrungsmitteln gesucht werden musste, sondern diese auch kultiviert werden konnten. Die Wertschätzung der drei Berufe zeigt sich also eindeutig durch unsere historische Entwicklung und ist dadurch nicht weniger wichtig als die anderen Berufe.

Ein umfangreicher Katalog zur Entwicklung von Produkten durch den Schmied ist mehr als sinnvoll. Dieser Katalog kann sich an den kulturellen, aber auch an umwelttechnischen Faktoren orientieren. Der Schmied sollte ein umfangreiches Wissen an Praktiken beherrschen, darunter das Abbauen von Rohstoffen, Gießen und Verformen im Metallbau zur Herstellung von Werkzeugen, Verarbeitung feinerer Produkte wie Edelsteine zu Schmuck, Dichtung und Montage von Glasprodukten und Herstellung bzw. Bearbeitung von Kleinstteilen im Bauingenieurswesen. Damit steht die Stellung fest: Komplementär arbeitet der Schmied im Handwerk mit dem Ingenieur und dem Tischler zusammen. Zusätzlich orientiert er sich am Wissen des Naturforschers und kann im Herstellungsprozess dessen Hilfe gut brauchen. Auch mit dem Arzt steht er in enger Verbindung, um ausreichend medizinisches Equipment herzustellen. In Verbindung mit dem Gelehrten können Kunst und Musik in der Kommune erhalten werden. In vielen Mythen und Traditionen wird die Bedeutung des Schmieds für die Kunst deutlich.

Verwandte Berufe: Metallbauern, Verfahrensmechaniker, Werkzeugmacher, Schlosser

Der Gelehrte

Der Beruf des Gelehrten ist der zentrale Ausgangspunkt für die Erhaltung jeglicher Form von Kultur. Dies schließt Kunst, Musik, Wissen, Technik, Religion, Sitten, Bräuche und deren Schriftwerke mit ein. Durch das Internet wird eine Verwaltung des erworbenen Wissens in der Moderne umso einfacher. Um Verluste zu vermeiden und den Zugang zu Wissen auch ohne Internet zu ermöglichen, sollte jedoch auch eine analoge Bibliothek erstellt werden, die die wichtigsten Praktiken aller angewandten Berufe erhält und aktualisiert. Die Genauigkeit dieser auf die Geschichte ausgerichteten Tätigkeit liegt vor allem in der Sorgfalt der Niederschriften.

Zusätzlich muss der Gelehrte vor allem auf seine Meinung achtgeben, den Dorfbewohnern mit Rat und Tat zur Seite stehen und die Kenntnisse der Vergangenheit zur Verfügung stellen. Erst wenn der Glauben an eine objektive Wahrheit durch die Glaubensfreiheit ersetzt wird, kann eine Spiritualisierung und Individuation der Gesellschaft kontinuierlich vorangetrieben werden.

Damit ist der Gelehrte dafür verantwortlich, dass Meinungsverschiedenheiten durch Wissen geschlichtet werden, aber auch dafür, dass die Tradition erhalten bleibt. Für künftige Feste und Events, die der Planer ausrichtet, sollte die Kreativität des Gelehrten zu Chancenreichtum, Diversität und Freude in der Kommune führen. Gelehrter und Planer stehen somit in enger Absprache. Zusammen mit dem Organisator stellt dieses Trio das Herz der Kommune dar und bedingt somit ein harmonisches und friedliches Zusammenleben. Die Sozialität der Gruppe aufrechtzuerhalten, ist eine Grundvoraussetzung für eine mühevolle Arbeitsverrichtung und eine aufrichtige Gruppendynamik. Wenn der Spaß durch verschiedenste soziale Interaktionen aufrechterhalten werden kann und eine liebevolle Zusammenarbeit entsteht, dann steht der Zufriedenheit nichts mehr im Wege. Zusätzlich zu den im größten Teil sehr theoretischen Aufgaben des Trios kann auch Hilfe von den handwerklichen Berufen angefordert werden. Hierfür steht jedoch in erster Linie immer der Naturforscher zur Verfügung, der seinen Erfahrungshorizont stets erweitern sollte. Auch bei den theoretischen Aufgaben kann der Naturforscher mithelfen und ergänzen. Zusätzlich hat der Gelehrte eine besondere Berater- und Protokollanten Funktion für den Pharmakologen und Arzt. Durch sein umfangreiches Wissen ist er befähigt, selbst komplexeste anfallende Aufgaben zu meistern.

Verwandte Berufe: Bibliothekar, Philosophen, Historiker, Bürokraten

Der Organisator

Als zentraler Produktverteiler, Prozessregulator und Netzwerker ist der Organisator die Anbindung für alle Mitbewohner untereinander. Selbst in Streitfällen steht der Organisator als Schlichter und Vertrauensperson zur Verfügung. In der Regel sollten Streits vermieden werden, da die Ausgangsbedingung für eine Kommune die Harmonie ist. Im Einzelfall ist jedoch der Organisator dazu befähigt. Damit kommt ihm eine pädagogische Funktion zu, die ihn auch zur Erziehung der Nachkommenschaft befähigt. Diese sollte (in weitesten Teilen) jedoch von den Eltern übernommen werden.

Er hilft hauptsächlich bei der gerechten Verteilung von Gütern und Waren, achtet auf eine angemessene Arbeitszeit und hilft dabei, den Frieden durch regen Austausch untereinander zu bewahren. Somit kommt ihm im modernen Sinne die Funktion der Judikative zu. Diese Gewalt kann er jedoch nicht absolut ausführen, da immer Rücksprache mit dem Planer und Gelehrten gehalten werden sollte. Somit besteht seine Funktion vorsätzlich in der Relation zwischen Arbeit und Arbeitern.

Eine enge Verbindung besteht vor allem zum Haushaltswissenschaftler. Hier kann durch enge Absprache Hilfe und Unterstützung erfolgen. Auch mit den Ökonomen sollte zur erweiterten Versorgung Rücksprache gehalten werden und Probleme besprochen. Eine Dokumentation über aktuelle Vorkommnisse in der Kommune ist dabei hilfreich, aber nicht zwingend. Die Bürokratie sollte minimiert werden, manche Fälle sind jedoch zur besseren Verwaltung zu berücksichtigen: Dazu zählt zum Beispiel der Ertrag der Ernte. Diese kann dann zusammen mit dem Planer kalkuliert und ausgerichtet werden. Eine sehr wichtige Aufgabe kommt zudem durch die Vorbereitung, Durchführung und Nachbereitung von Themenabenden, Events und Feiern zu. Hierfür wird mit dem Gelehrten in kreativer Verständigung die Freizeit der Dorfbewohner organisiert. Durch ausgefallene Treffen innerhalb der Gemeinschaft wird so das Band der Kommune weiter gestärkt. Aber auch der Kontakt mit anderen Kommunen ist nicht zu vernachlässigen. Hierfür sollte Wissen ausgetauscht werden und regelmäßige Treffen arrangiert werden. Dafür sind die Kenntnisse des Organisators über Internet & moderne Techniken notwendig. Letztlich könnte man diesen Beruf auch als das liebevolle Sprachrohr bezeichnen, mit dem sich die Bewohner der Kommune austauschen. Eine Stressresistenz für konfliktreiche Situationen ist wünschenswert.

Verwandte Berufe: Sozialwissenschaftler und Soziologen, Pädagogen, Projektmanager, Kommunikationsmanager, Hotelkaufmann/-frau, Industriekaufmann/ -frau

Der Planer

Als zentraler Taktgeber und Verantwortlicher für den Fortschritt innerhalb der Kommune erfüllt der Planer eine ganze Reihe von Aufgaben. Dazu zählen: Optimierung des Arbeitsaufwands und der Effizienz, Verordnung von Ruhezeiten, Aufstellung von Zielen, Erstellung von Handlungsschritten zur Familien-, Bauwesen-, Versorgungs- und Projektgestaltung sowie Koordinierung sämtlicher Aufgaben und Tätigkeiten, für die eine wechselseitige Orientierung notwendig sind. Hingegen sollte sich der Planer in seiner theoretischen Funktion auch nicht zu schade sein, seine Verordnung selbst durchzuführen und mit gutem Vorbild voranzuschreiten. In anderen Worten: Gerade als *Konzeptionist* mit klarer Zielvorstellung sollte der Planer als Motivator und Helfer in der Gemeinschaft fungieren.

In enger Zusammenarbeit werden mit dem Organisator Projekte, Events und gemeinsame Aktivitäten geplant. Aber auch der langfristige Rahmen sollte eine wichtige Rolle spielen: Wer weiß, wohin er gehen möchte, der kann sein Ziel versuchen, in kleinen Schritten zu erreichen. Ein solches Ziel könnte zum

Beispiel in der Bewusstseinsentwicklung von den Bewohnern der Kommune liegen, die dann durch zeremonielle Feiern unterstützt werden. In jedem Fall sind genaue Angaben erforderlich (z. B. 30 %ige Steigerung des Ernteertrags, Kontaktaufnahme und Austausch mit fünf Kommunen innerhalb des nächsten Jahres). Um aus der Erfahrung zu lernen, welche Strategien bisher funktioniert haben, sollte auch der Gelehrte mit in diese Aktivität einbezogen werden. Regelmäßige Sitzungen, zu denen alle Mitglieder der Kommune selbstverständlich eingeladen werden sollten, sind empfehlenswert. Der Planer sollte ebenso den langfristigen Gesundheitszustand der Kommune im Auge behalten und sich mit dem Pharmakologen, Arzt und Naturforscher um eine präventiv-materielle Gesundheitsvorsorge durch psychologische, sportliche und spirituelle Ausgeglichenheit kümmern. Hierfür können pharmakologische Wirkstoffe besprochen und angewandt werden, Sportarten zusammen ausgeübt werden und Stress durch Ernährung, Tanz, Musik und Entspannungstherapien vermindert werden. Über die Kenntnisse der Landwirtschaft, Viehzucht und Bauwesen sollte der Planer ebenso Bescheid wissen und im Austausch darüberstehen. Wie auch beim Beruf des Organisators ist dieser Aufgabenbereich sehr theoretisch und daher sollte genügend Unterstützung für die praktischeren Berufe (Ökonomen, Ingenieure) angeboten werden. Ein umfangreicher Kenntnisstand ist notwendig.

Verwandte Berufe: Mediengestalter, Eventmanager, Personaler, Referenten

Der Naturforscher

Dieser Beruf könnte auch als der Dorfälteste (Schamane) der Gemeinschaft bezeichnet werden. Durch sein umfangreiches Wissen weiß der Naturforscher stets mit Rat und Tat jedem Mitbewohner zur Seite zu stehen und ihm bei seinem aktuellen Gesundheitszustand durch präventive und therapeutische Maßnahmen zu helfen. Neben seinem spirituellen und philosophischen Kenntnisbereich fallen somit auch die Themen Psychologie, Astrologie, Ethnobotanik, Ernährung, Sport, (Traditionelle) Medizin, Physik (Naturgesetzmäßigkeiten) & Pharmakologie an.

Gerade in Zusammenarbeit mit dem Heilkundler fallen wichtige Aufgaben für die Gemeinschaft an. In der Gemeinschaft werden Pflanzenstoffe unbedingt benötigt, um das Wohlergehen aufrechtzuerhalten. Darunter Tees und Suds, Räucherstoffe und Rauchstoffe, (Körper-)Pflegeprodukte, Pflanzenextrakte und pharmakologische Wirkstoffe. Auch über Therapieverfahren wie das der Akupunktur, Anthroposophie, Schulmedizin und den diversen naturheilkundlichen Heilverfahren sollte der Naturforscher Bescheid wissen.

Seine Hauptaufgabe liegt in der Erforschung neuer natürlicher Heilverfahren, sowie dessen praktische Anwendung auf Körper und Geist. Er ist die Anlaufstelle für alle Bewohner der Kommune bei Beschwerden, Problemen und Stress. In Zusammenarbeit mit dem Planer und Gelehrten können bestimmte standardisierte Verfahren entwickelt werden, zum Vorgehen bei einem akuten Krankheitsfall. Dieser sollte jedoch die Möglichkeit zur Verbesserung und des Dazulernens miteinschließen, denn jeder Krankheitsfall ist individuell durch alle anthropologischen Faktoren zu erfassen.

Des Weiteren sollte er sich mit allen in der Kommune anfallenden Tätigkeiten ansatzweise vertraut machen und tagtäglich zu unterstützen sowie im Not- oder Krankheitsfall als Ersatz einspringen können. Auch bei leicht zu vernachlässigenden Aufgaben, wie zum Beispiel das Stricken und Nähen, sollte der Naturforscher geübt sein. Seine Haupttätigkeit liegt dennoch in der Erforschung neuer Praktiken und Vereinfachung bereits erlernter Techniken.

Hierfür wird auch Absprache mit dem Gelehrten gehalten, wobei alle Ansätze dokumentiert werden und in der internen Bibliothek eingefügt werden sollten. Der Bereich des Naturforschers ist eine Verbindung aus Theorie und Praxis, aus Glauben und Wissen, aus Gesundheit und Zufriedenheit.

Verwandte Berufe: Schamanen, Psychologen, Mediziner, Philosophen, Wissenschaftler (Physiker)

Die Heilkundler

Als Experten in Biochemie, Ethnobotanik, Immuno-
logie, Physiologie und Biomedizin ist der Heilkundler
bestens ausgestattet, die nahrungsspezifischen und
krankheitsvorbeugenden Bedürfnisse zu erfüllen. Insofern übernimmt der Heilkundler die Rolle eines
Arztes und Pharmakologen.

Durch Erschließung neuer Nahrungsquellen, Wirkstoffe, medizinischer Hilfsmittel und Heilmittel arbeitet der Heilkundler komplementär mit dem Naturforscher, um sowohl die Gesundheit als auch die Spiritualität der Kommune zu verbessern. Dabei ist Genauigkeit und Sorgfalt oberste Pflicht. Denn gerade
bei unachtsamen Handlungen im pharmakologi-
schen Bereich kann schnell das Wohl gefährdet werden. Hierfür werden technische Hilfsmittel benötigt,
die in Zusammenarbeit mit dem Schmied und Tischler erarbeitet werden können.

Der Arzt sollte diverse Praktiken einstudiert haben,
die Notfälle und Eingriffe in den Körper einschließen
und zur Versorgung bei Krankheitsfällen von Stress
und Unfällen. In erster Linie sollte sich jedoch auf die

Prävention gekümmert werden, daher in besonderer Form die Achtsamkeit, den mentalen Zustand der Kommunenbewohner. Auch Hypnosetherapie, Meditation und verschiedene Entspannungstechniken wie Zen, Qi-Gong, Tai-Chi oder Ähnliches würden hierfür sinnvoll infrage kommen. Die Vorbereitung, Konservierung und Lagerung von Nahrungsquellen und Wirkstoffen liegt ebenso in seiner Verantwortung. Dabei sollte auch der Gelehrte mit Rat und Tat zur Seite stehen.

Eine Dokumentation über den aktuellen und langfristigen Stand ist empfehlenswert, sodass bessere Lösungen für die Zukunft mit dem Planer gefunden werden können. Heilung braucht Struktur. Eine Struktur im Heilwesen ist empfehlenswert. Gesundheit hat für die Bewusstseinsentwicklung und Spiritualität, genau wie die körperliche Arbeit eine entscheidende Bedeutung. Als Ausgangspunkt allen Handelns steht das gemeinschaftliche Wohl, das nur durch Wissen um die Liebe erreicht werden kann. Steht im Vordergrund nur die triebhafte Erhaltung des Überlebens, so folgt daraus die Unausgeglichenheit, die auf dem dualistischen Verstand begründet ist. Die Liebe ist ein dualitätsüberwindendes und damit auch verstandsüberwindendes Prinzip, das alle anderen zufriedenstellenden Erlebnisse ermöglicht. Liebe ist die Struktur, die sich durch jedes kleinste Teilchen und jede Welle des Universums zieht. Nur wenn auch auf humaner Ebene dieses Prinzip verstanden wird, kann die Devise angewandt werden, die da lautet: *Natur kapieren, Natur kopieren.* Hierfür sind die Heilkundler in der Verantwortung, indem sie den Menschen auch bewusstseinserweiternde Erfahrungen ermöglichen.

Verwandte Berufe: Psychologen, Physiologen, (Psychoneuro-)Immunologen, Mediziner (Internisten), Biochemiker, Pharmakologen, Gesundheitswissenschaftler, Chirurgen

Bemerkungen

Diese Einteilung in 12 verschiedene Berufe, welche komplementär zusammenwirken sollen, befähigt auch die Entstehung einer Kommune von lediglich 12 Menschen. Wird die Zahl so gering gehalten, erschließen sich allerdings einige Probleme. Diese werden wie folgt aufgeführt und sollten in gemeinschaftlicher Beratschlagung besprochen werden.

Sind nur 12 Menschen in der gemeinschaftlichen Kommune aktiv, so kann es zu unverhältnismäßigen Arbeitsaufteilungen kommen, je nachdem, wie viel gerade in der jeweiligen Jahreszeit, Arbeitsphase und den selbst erarbeiteten Projekten zu tun ist. Hierfür ist es angebracht, einen Plan zu erarbeiten, der die Möglichkeit zur Hilfestellung bietet. Sind beispielsweise die Ökonomen überfordert, so können ihnen am ehesten die nahestehenden Berufe aushelfen, wie etwa die Haushaltswissenschaftler, die Naturforscher oder die Heilkundler. Eine gerechte Aufgabenverteilung ist unbedingt notwendig. Zudem ist bei einer so geringen Anzahl Menschen die Nachkommenschaft kaum ohne Beeinträchtigungen zu zeugen, da sich die genetische Verwandtschaft der

Elternteile im Verlaufe der nächsten Generationen sehr nahekommen. Eine mögliche Lösung wäre, dass die Nachkommen sich in andere Kommunen einleben oder einheiraten. Ein Kommunikationsnetzwerk im Internet wird gerade auch hier ersichtlich unabdingbar.

Die höchste Anzahl an Menschen sollte sich an der Zahl der Schimpansen in etwa 150 Individuen orientieren, die sich gemeinsam versorgen. Besser wäre aber noch eine Zahl von maximal 120 Menschen, da so für jeden Beruf maximal zehn Menschen zusammenkommen. Darüber hinaus wird es bereits unübersichtlich. Ab einer gewissen Anzahl erhöht sich auch das Risiko auf „Unruhestifter". Ein Einzelkämpfer kann Unruhe in die Gemeinschaft bringen und so das Gleichgewicht zerstören. Je geringer die Anzahl an Menschen in der Kommune, desto geringer ist auch die Wahrscheinlichkeit für einen Unruhestifter. In der Regel sollte jedoch so jemand durch das liebevolle Zusammenleben nicht vorkommen, falls doch, so hat die Gruppe schnell zu handeln. Besonders die Heilkundler stehen hierfür in Verantwortung und müssen sich um das Ego des Betroffenen kümmern. Ich würde allerdings empfehlen, einfach eine geeignete Menge an Individuen zu wählen und auf die Gruppendynamik zu achten. Schließlich muss jeder mit jedem gut auskommen. Für mich würde daher eine Gruppe von 20-60 Menschen sinnvoll klingen. Dies kann und darf gerne individuell entschieden werden. Es geht nämlich nicht um Ausgrenzung in diesem System, sondern um Integrationen. Hierfür muss allerdings auch Offenheit und Bereitschaft zur Kommunikation herrschen, sodass jeder herzlich willkommen geheißen wird.

Ich möchte bereits an dieser Stelle in aller Klarheit sagen, dass eine Kommune ein Projekt ist, dass nicht von heute auf morgen verwirklicht wird. Es müssen sich auch im Vorfeld nicht sofort alle Menschen zusammenfinden. Es kann auch sein, dass sich jemand auf eigene Faust entschließt, zum Selbstversorger zu werden und sich erst mit der Zeit Freunde dazu gesellen. Dagegen ist nichts einzuwenden. Ich würde diesen Weg womöglich sogar als besser befinden, da so kein abrupter Lebensstilwandel auftritt, sondern eine schrittweise Gewöhnung an die neue Lebensweise. Wer gestern noch im Konsumrausch gelebt hat und heute plötzlich zum Selbstversorger mutieren will, der wird vermutlich mit Gefühlen der

Überforderung zu kämpfen haben. Um diese Überforderung zu vermeiden, kann ich daher einen langsamen Start empfehlen.

Durch die Eingewöhnung wird ebenso das Risiko getilgt, dass zwangsweise Menschen gesucht werden müssen, die ähnliche Ideale haben. Ich befinde die Idee der Kommune erst dann als wirklich fruchtbar, wenn diejenigen, die zusammenleben, auch wirklich von Anfang Freunde sind und nicht erst nach einem Jahr feststellen, dass sie sich nicht ausstehen können. Das ist nur eine Empfehlung, weil ich selbst die Erfahrung gemacht habe, dass man mit denjenigen Menschen am besten auf engem Raum auskommt, mit denen man bereits langjährige gemeinsame Erfahrungen austeilt.

Erfolgsaussicht

Besonders positiv erstrahlt die Idee der Kommune, wenn man genau betrachtet, dass das Berufsmodell mit meinem im Buch *Odyssee im 21. Jahrhundert* vorgestellten Modell der Liebe übereinstimmt (vgl. S. 190-191). Die Individualität, welche sich im pyramidalen Aufbau widerspiegelt, gibt Hoffnung auf einen menschlichen, sich selbst regulierenden Organismus. Jeder Beruf, ob körperliche und harte Arbeit oder abstrakte Theorie, sie alle münden in einem höheren Ziel der Selbsterhaltung zur Verbreitung des Lichtes in der Welt aus der ursprünglichen Dunkelheit. Um die Ignoranz in der Dunkelheit zu erkennen, müssen wir sie erfahren und wissen, was das Licht mit uns macht: Es schenkt uns das Sehen und ermöglicht uns so die Erkenntnis. All das, wovon wir nichts wissen, ist unserer Kenntnis entzogen. Die Dunkelheit aber kann uns stetig daran erinnern, wie wenig wir eigentlich wissen. Gerade darum ist es wichtig, sich auf seinen Ursprung zu besinnen und zum einen seine Neugierde auf andere Perspektiven des Lebens zu erhalten, zum anderen seine Kultur und Tradition in die Zukunft zu tragen. So wird die Kerze des ewigen Feuers, das das Licht der Welt verbreitet, trotz möglichen Wissensverlustes durch die leidenschaftlichen Herzen der Menschen geschützt. Wir kommen nicht ohne unsere Basis, unseren Urgrund aus. Anders vermögen wir nicht, den Himmel zu erkennen. Wie sollen wir den Himmel erreichen, wenn die Grenze zwischen Erde und Himmel verschwimmt? Wer sich darauf besinnt, woher er kommt, der weiß, wohin er gehen soll. So und nicht anders sagt es das Modell der Liebe.

Jedes Teil hat seinen vorherbestimmten Platz und alles ist äquivalent wichtig. Die Liebe kommt weder ohne Vertrauen und Ehrfurcht aus, noch ohne dessen Grundbausteine der Gerechtigkeit, der Tapferkeit und der Aufrichtigkeit. Und wie sollen eben jene Eigenschaften ermöglicht werden, wenn nicht die Hingabe, die Mäßigung, die Gewissenhaftigkeit und die Bescheidenheit ihr Fundament errichten? Alles ist miteinander verwoben und ergibt das stimmige Gesamtbild der einzig wahren Liebe.

Wenn wir nun genau nachdenken, wie sollte es anders sein mit unseren Berufen? Ist nicht der Zweck allen Lebens, sich und seine Natur zu erkennen? Ist also nicht jeder ein Naturforscher? Und wird der Naturforscher nicht unterstützt durch die Planung und Erhaltung, den Aufgang und Niedergang durch das ewige Spiel der Vergänglichkeit? Eben jene Eigenschaften vertreten der Planer und der Gelehrte, die das Steuer der Gemeinschaft bilden und zum Wohle aller den Kurs in eine Richtung lenken, in denen sich jeder zufrieden und gesund fühlt. Darum kann es auch gar nicht anders ein, als dass eben ihr Fundament auch zentral aus dem Organisator besteht, der Verbindungsstelle aller Arbeiten miteinander und in besonderem Maße des Zwiespaltes zwischen den Heilkundigen (Weiterentwicklung, Planung) und den Ingenieuren (Erhaltung, Wissen um Überleben). Eben jene Spaltung muss durch die Organisation, das Herz der Gemeinschaft verbunden werden, sodass gegensätzlich erscheinende Prinzipien in Harmonie und zum Wohl aller erstrahlen. Und arbeiten tun eben jene, die das Fundament allen Lebens ermöglichen: Dies sind auf der einen Seite die Ökonomen und die Hauswirtschaftler, die *mit Speis und Trank'*, aber auch Ordnung und Bewirtschaftung die Versorgung gewährleisten und Gesundheit erhalten. Auf der anderen Seite sind dies der Schmied und der Tischler, rohe und unbändige Arbeiten, die sich in

der Kultur erhalten und eine Sicherung der Lebens-
grundlage, dem Zuhause, gewährleisten.

Nun frage ich dich, ist dies für dich *sinnlos*? Hat nicht
jeder dort einen sinnvollen Platz, an dem er seine
Leidenschaft ausleben kann und zum größeren Ganzen beitragen kann? So erscheint es zumindest mir.
Und so wirst du es auch erkennen, wenn du dir vor-
stellst, unter welcher Kraft aller Arbeiter zusammen
auf das höchste Glück, die Liebe der Gemeinschaft
zustreben. Noch einmal: Wähle deinen Beruf mit bedacht. Denn er spiegelt deine Persönlichkeit wider.
Du kannst alles sein, was du sein willst, aber wofür
entscheidest du dich am Ende, wenn denn alles
möglich ist? Bist du roher, unbändiger Natur, bist du
sehr naturverbunden, ob mit den Tieren oder Pflanzen, oder liebst du noch mehr die Menschen, dessen
Heilungsprozess und seine Behauptung? So erkenne
dich. Denn du wirst glücklich in dem, was du tust und
wofür du geschaffen wurdest. Denn jeder hat einen
ganz individuellen Katalog an Fähigkeiten und Talenten, der genutzt werden will. Je mehr du Spaß an
einer Tätigkeit hast, zu der auch nicht zu vergessen
die Disziplin dazu gehört, desto mehr weist dir das
Schicksal ganz von allein den Weg. Denn du wählst

nicht den Beruf, sondern der Beruf dich. Darum heißt es auch *Berufung*. Setze dich in Bewegung, aber gebe dir die Möglichkeit, dass deine Chancen dich finden können und du dich nicht zwanghaft und krampfhaft darum bemühst, eine gestellte Ordnung und einen Schein der Zufriedenheit zu erlangen. All dies findet dich von ganz allein, solange du mit Disziplin bereit bist, auf dich zu nehmen, wozu du gerufen wirst. Folge dem Gefühl der Stimme. Denn darum sagt man auch *es stimmt*, wenn man ein gutes Gefühl hat.

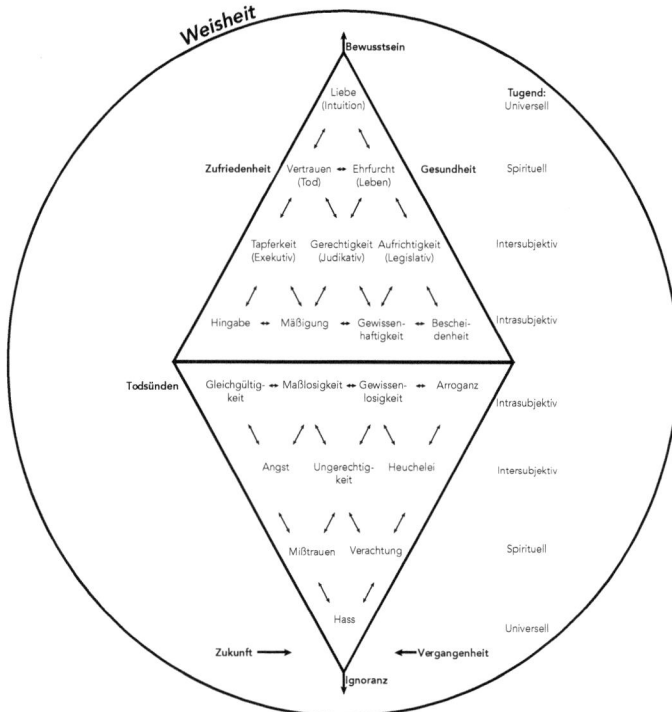

Abbildung : Die Tugenden weisen in Richtung der Einheit (Liebe). Die weisesten Menschen der Geschichte weisen in der Historie auf dieselben Tugenden zur Erlangung der Weisheit hin. Das Wissen und die Anwendung der Gesamtheit aller Tugenden kann als die innere Weisheit bezeichnet werden. Aus der Weisheit um die Liebe ergeben sich drei zentrale Botschaften, die die Dreieinigkeit der Schöpfung wiederspiegeln.

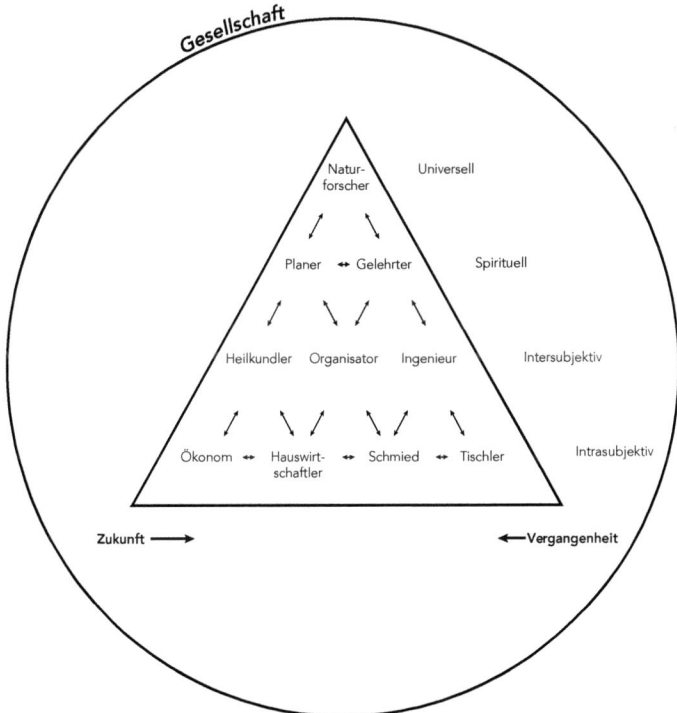

Abbildung : Das Modell von der Tugendhaftigkeit der Liebe kann einwandfrei auf das Modell der Kommunen übertragen werden. Jeder Beruf füllt in besonderem Maße eine Eigenschaft der Liebe aus, welche dann in der Gemeinschaft zur Harmonie führt.

Nun einmal ganz kritisch überprüft und bis auf das kleinste Detail beleuchtet, wie sind die Aussichten darauf, dass sich ein solcher Wandel in Richtung einer kleinen arbeitsteiligen Selbstbewirtschaftungszone vollzieht? Nun, es kommt in jedem Falle auf die Bereitschaft der Menschheit an, eine solche Realität anzunehmen. Denn es gilt: Die erkennbare Welt ist die einzig bekannte Welt, die wir haben. Solange wir uns nicht aus unserer Komfortzone bewegen, sondern unseren Gewohnheiten nachlaufen, bleibt die Struktur der Gesellschaft starr. Damit werden auch alle Ängste, Sorgen und Nöte festgehalten, die sich seit Jahrhunderten in den verschiedenen Kulturen und Traditionen erhalten. Aber der entscheidende Faktor, der die Erlösung aus einem sehr dunklen Zeitalter des Machtmissbrauchs, der Verleumdung und Entfremdung aufzeigt, ist zweifelsohne (und ironischerweise) das Internet.

Was für viele Personen womöglich wie ein Witz klingt, ist für den weisen Menschen ganz eindeutig nachzuvollziehen. Der rege Austausch hilft uns dabei, uns gegenseitig besser zu verstehen. **Das Internet fungiert wie ein globales Gehirn, das alles miteinander verknüpft und in Beziehung setzt.** Dadurch verstehen wir die jeweilig begangenen Fehler und müssen sie nicht mehr wiederholen - vorausgesetzt, wir halten uns unser Ziel vor Augen. Verlieren wir unser Ziel, so können wir uns auch in den Weiten des Internets verlieren. Aber ebenso wie ich mein nächstes Beispiel, das nun ich erkläre, nur durch jemand anderen über das Internet finden konnte, kann es auch dir weiterhelfen. Ob es sich nun um ein emotionales Problem handelt und das Internet Tröstung verschafft, oder ob es Freiraum durch neue Möglichkeiten bietet: Jeder kann das finden, was ihm zur Vervollständigung seines selbst fehlt.

Kibbuzen und andere Kommunen

Das Beispiel, was ich im vorherigen Kapitel meinte, sind die Kibbuze (hebräisch, Qibbūz: Versammlung, Kommune). Die auf die Landwirtschaft ausgelegten Siedlungen in Isreal orientieren sich nicht nur an demokratischen Strukturen, sondern bilden sogar untereinander eine Bewegung, die auf den Zusammenhalt der Kibbuzen ausgerichtet ist und den Kontakt zur Außenwelt halten soll. Der Eintrag auf Wikipedia wird hierbei sehr deutlich, in welche Richtung sich die Kibbuzen dabei entwickelt haben, wenn man denn der Plattform glauben darf:

„(...)Trotzdem war in den ersten Jahrzehnten der Lebensalltag der Kibbuzmitglieder, der Chawerim, stark von sozialistischen Lebensprinzipien geprägt. Entscheidungen wurden in der Mitgliederversammlung basisdemokratisch getroffen. Die einzelnen Chawerim besaßen kein Eigentum, sondern sie brachten ihre Arbeitsleistung unentgeltlich für das Kollektiv ein. Im Gegenzug stellte der Kibbuz Wonnung, Kleidung, Verpflegung und medizinische Versorgung zur Verfügung. Die Gleichberechtigung um-

fasste auch eine Rotation in allen wichtigen Ämtern und bei der Besetzung der Arbeitsplätze."[28]

Eine solche geschilderte Struktur birgt ein sehr großes Potential, aber eben auch viele Risiken, wie eindeutig zu erkennen ist. Durch die auftretenden Probleme sank die Anzahl der Siedlungen und Bewohner immer weiter. Zu den Problemen zähle ich ganz klar:

- die Entwicklung der Kibuzze in eine kapitalistische Richtung, in der für das Wohl Geld unerlässlich ist;
- das Verlassen der Gemeinschaft von Jugendlichen aufgrund von Entdeckungsdrang und Selbstverwirklichung ohne Wiederkehr;
- die überhöhte Anzahl von Bewohnern (bis zu 2000 EW in der Chawerim) und der dadurch stark abfallende Gemeinschaftswert;
- die fehlende Bereitschaft zur spirituellen Selbstverwirklichung und dahin gehende Tätigkeiten und Zeremonien;
- der mangelnde Drang nach Kommunikation mit der Außenwelt zur Inspiration, zum Austausch und zur Lernfähigkeit.

Solange all diese aufgezählten Kriterien nicht erfüllt werden, können Kommunen, Kibbuzen, Kommuniale, Kollektive oder wie man sie nennen mag, nicht in Harmonie miteinander leben. Denn Harmonie bedarf einer feinen Bestimmtheit, die sich nur in der Selbsterkenntnis und Verwirklichung arrangieren kann. **Solange das Ziel auf etwas anderes ausgelegt ist als die Vereinigung aller Menschen miteinander in freiheitlichen Idealen, werden die Umstände die Kommune in die Knie zwingen.** Freiheit heißt dabei: Jeder darf glauben, woran er möchte, aber er zwingt seinen Glauben der Familie nicht auf. Lediglich das höchste Ideal, die Freiheit in der Spiritualität ist etwas an das alle gemeinsam glauben. Wie, warum und wann, das ist letztlich jedem selbst überlassen. Jeder darf praktizieren, wie er mag, solange er glücklich ist mit dem, was er tut und das Glück seinen Brüdern und Schwestern weitergeben kann.

Wird nun der Wert der Gemeinschaft auf die Außenwelt verlagert, so entstehen daraus unerklärlich viele Probleme, die nicht zu bewältigen sind. **Dies liegt daran, dass, sobald dem Problem Raum gegeben wird und es versucht wird, rein rational zu lösen, es nur unterdrückt wird, anstatt vollständig behoben.**

197

So entsteht dann Unzufriedenheit und das Karussell dreht sich weiter: *Neue Probleme entstehen. Daraufhin neue Ängste. Neue Taten. Und wieder neue Probleme.* Dieser Abwärtsspirale zu entkommen heißt: Ich löse mich von meinen rein materialistischen Ansprüchen von Zufriedenheit und finde sie in mir selbst. Sobald ich diesen Weg gehe und versuche, mein Ziel der spirituellen Verwirklichung zu erfüllen, kann ich anderen das Licht und die Wärme, die mir die Tätigkeit gibt, weitergeben.

Auch in Deutschland wurde versucht, das Modell der Kommune erfolgreich umzusetzen, allerdings mit denselben geschilderten Problemen. Nach dem Zweiten Weltkrieg tat sich bei den Bürgern der BRD vermehrt eine Stimmung auf, die den Wunsch äußerte, das Glück außerhalb von Profitgier und Privateigentum zu suchen. Die damals sogenannte Kommune 1 (K1) sollte die Chance zur eigenen Analyse der Psyche bieten und von bestimmten festgefahrenen Glaubenssätzen lösen, wie beispielsweise die der Sexualität, zwischenmenschlichen Beziehungen oder Kindererziehung. Dabei wurde sich allerdings im Folgemodell (K2) zu stark auf politische Arbeit konzentriert, anstatt vorsätzlich auf die Harmonie der

Gemeinschaft. Psychische Gesundheit ist wichtig; zu glauben, diese durch die Politik lösen zu können, allerdings fatal. Denn noch einmal: **Eine Kommune kann nicht bestehen, wenn sie nicht in harmonischer Gruppendynamik geführt wird.** Das Modell ist eben für einen engen und friedlichen Austausch ausgelegt. Wird die Suche zur sehr nach Außen verlagert, wird die eigentliche Aufgabe der spirituellen Weiterentwicklung in der Kommune vergessen.[29]

Eine Überzeugung kann niemals wirklich Frieden schaffen, denn sie schließt andere Aspekte der Wirklichkeit aus. Eine Überzeugung erschafft einfach eine neue Ideologie mit Herrschaftsanspruch. Eine Kommune hat keinen Herrschaftsanspruch! Wenn ich sage, *die Erde sei rund*, und das sei die einzige existente Möglichkeit, dann schließe ich damit andere Menschen aus, die *an eine flache Erde* glauben. Es geht bei der Kommune jedoch eindrücklich nicht darum, wer recht hat! Jeder mag glauben, woran er möchte, solange er niemandem damit schadet. Und dennoch, wer seinen Glauben mit Zwang in die Welt hinausträgt, der schafft damit Streit und Chaos. Lediglich der höchste Wert der Freiheit darf ohne Zwang zu erschaffen in die Welt getragen werden.

Um den Wert der Freiheit tatsächlich zu vermitteln, ist nicht Überzeugung notwendig, sondern Vertrauen. Denn nur das Vertrauen kann eine harmonische Verbindung schaffen, die bei außenstehendem Interesse und Kommunikation schafft. Wer würde nicht gerne in einer durch und durch glücklichen Gemeinschaft leben wollen? Ich glaube, dass viele den Wunsch danach verspüren und sobald sie die Möglichkeit sehen, werden sie von ganz allein darauf zugehen. **Sehen die Außenstehenden jedoch Unzulänglichkeiten in der Kommune, so fühlen sie sich eher bestätigt, anstatt Interesse zu zeigen.** Daher wisse, es besteht keine Notwendigkeit zum Zwang.

Selbst wenn jemand das Modell der Kommunen für nicht lebenswert erachtet, so ist derjenige Mensch noch nicht bereit oder findet woanders sein Glück. Kein Grund zum Streit. Es geht also nicht vielmehr als darum, dass Hilfe zur Selbsthilfe angeboten wird. Wer dieses Geschenk nicht annehmen möchte, der kann woanders nach Zufriedenheit streben. Zufriedenheit ist weder orts- noch zeitgebunden. Es gibt also keinen Grund, das Glück durch Konzepte und Patentrezepte erzwingen zu wollen.

NICHT VERGESSEN:

JEDER IST SEINES GLÜCKES SCHMIED!

Oshos Kommune

„MEINE VISION EINER NEUEN WELT, DER WELT AUS KOMMUNEN, BEDEUTET: KEINE NATIONEN, KEINE GROSSSTÄDTE, KEINE FA-MILIEN, SONDERN MILLIONEN VON KLEI-NEN KOMMUNEN, ÜBER DIE GANZE ERDE VERSTREUT, IN DICHTEN WÄLDERN, ÜPPI-GEN, GRÜNEN WÄLDERN, IN GEBIRGEN, AUF INSELN." – OSHO[30]

Bhagwan Shree Rajneesh, besser begannt als Osho, war ein indischer Guru, Erleuchteter, Philosoph und Kultführer der Neo-Sannyas. Sein Leben und Wirken ist nicht nur höchst inspirierend und beispiellos, son-dern auch tückisch und sehr umstritten.

In der hoch spannenden Netflix-Serie „*Wild Wild Country*"[31] wird die Geschichte von Osho (jap. Titel des Zen Buddhismus für erleuchte Meister) erzählt; einem Mann, durch den Tausende von Menschen zum Glauben gefunden haben und auf den Weg der Spiritualität gebracht wurden. Eine wichtige Rolle in der Geschichte Osho's spielte auch seine Sekretärin Ma Anand Sheela, diese wollen wir jedoch an dieser Stelle aus Gründen der Relevanz ausblenden. Kurzum: Osho war bekannt für seine radikalen Thesen über Ethik, Gesellschaft, Religion und Philosophie und sorgte für viel Aufsehen in Indien ab den 1970er Jahren. Nach seinem Studium der Philosophie, seiner Ernennung zum Professer und seinen Vortragsreisen in den 1960er Jahren ließ er sich in Bombay und Poona nieder, um den Menschen den Weg der Erleuchtung zu offenbaren. Er selbst sagt von sich, dass er mit 19 die Erleuchtung fand. Es ist nicht zu leugnen, dass Osho viele Menschen angezogen hat und eine riesige Zahl an Anhängern (Neo-Sannyas) um sich geschart hat. Insbesondere in Poona haben seine ungewöhnlichen Ansichten und Praktiken viel Feindschaft bedeutet (Osho wurde als „Sex-Guru" gebrandmarkt und lokal angefeindet), weshalb er letztlich mit seinen Anhängern in die

USA, konkreter nach Oregon auf eine Ranch umgezogen ist. Dort verwirklichten die Anhänger seinen Traum: den Bau einer eigenen Kommune. Während dieser Zeit (genauer gesagt im Jahr 1981) begann es ihm schon deutlich schlechter zu gehen; er zog sich zunehmend von seinen Anhängern zurück und legte eine Schweigephase bis 1984 ein. Die Leitung von Osho's Projekten übernahmen zunehmend andere (wie Sheela). Was immer man über Osho und die Sannyas denken mag, es lenkt nicht von der beeindruckenden Leistung ab, die in Oregon zum Bau einer neuen Kommune vollzogen wurde.

Innerhalb kürzester Zeit wurde aus der alten Big Muddy Ranch (Oregon), welche für ca. 5 Millionen US-Dollar gekauft wurde, die Kommune Rajneeshpuram gebaut. Alle Sannyasins halfen mit, um die Infrastruktur inklusive Tempel und Gemeinschaftszentrum, Post, Schule, Feuerwehr, Einkaufszentren, Restaurants und ein öffentliches Transportsystem mit 85 Bussen und Flugplatz aufzubauen. Sogar ein See wurde künstlich angelegt. Die Aufnahmen in der Dokumentation Wild Wild Country hierzu sind mehr als beeindruckend. Neben den Aufbauarbeiten wurde insbesondere auch der Konflikt zwischen den Neo-

Sannyas und den Einwohnern des nahegelegenen Ortes Antelope thematisiert. Hier wird es auch für uns – die vornehmlich an der Verwirklichung von Kommunen interessiert sind – besonders spannend und lehrreich, denn ab diesem Zeitpunkt nahmen die Probleme und Auseinandersetzungen erheblich zu.

Die etwa 40-50 ländlich lebenden Einwohner von Antelope wollten um keinen Preis die ihnen als Sekte erscheinenden Hippie-Nachbarn akzeptieren. So wurde dann im Juli 1983 in einem von Neo-Sannyas geführten Hotel in Portland eine Bombe gezündet, Verletzte gab es zum Glück keine. Es ist nicht sicher, ob die Einwohner hinter diesem Verbrechen steckten, der Ton wurde jedoch zunehmend schroffer und die Einwohner drohten auch mit Gewalt. Dies nahm die Kommunenleitung wiederum zum Anlass, um Polizeikräfte auszubilden und Verteidigungsmaßnahmen zu erhöhen. Die von Ma Anand Sheela in den Medien geäußerten Kommentare zu diesem Thema trugen sichtlich nicht zur Entspannung der Lage bei. Der Höhepunkt folgte dann – sicherlich auch, weil Osho bis 1984 nicht als Religionsführer anerkannt wurde und somit fast das Land hätte verlassen müssen, weil die amerikanischen Behörden meinten, er würde ja schweigen und könnte sich deshalb nicht dazu äußern, ob er ein Religionsführer ist – durch die zunehmende Bereitschaft der Kommunenleitung, politisch zu werden und auch alles dafür zu tun.

1984 wurde ein „*Share-a-home*" Programm initiiert, mit dem Obdachlose aus ganz Amerika in die Kommune gelockt wurden. Es hieß, dass jeder von ihnen dort frei leben könnte – und Bier bekommen würde. Ja, richtig gelesen. Bier. Das passt gar nicht zu Oshos Lehren. Auch Obdachlose anzulocken, war nicht Osho's Idee gewesen. Er war immer jemand, der die christlichen Wohlfahrtsmaßnahmen veruteilt hat. Aber es diente dem Ziel der Kommunenleitung, bei der Kommunalwahl am 6. November 1984 Einfluss zu gewinnen. Hat dieser Plan funktioniert? Ganz und gar nicht. Nachdem die Wahlbestimmungen durch die Behörden geändert wurden, sodass nur Menschen, die längere Zeit dort lebten, auch wählen gehen konnten, wurden die Obdachlosen in großen Städten wieder abgeladen. Das muss man sich einmal vorstellen! Aber es kommt noch besser: Den Obdachlosen wurden Beruhigungsmittel ins Bier gemischt, damit sie sich ruhig verhalten. Hier wurden also absichtlich Menschen unter Drogen gesetzt, um manipuliert werden zu können. Diese Obdachlosen waren nicht mehr als Mittel zum Zweck. Eine ungeheure Menschenverachtung.

Doch es sollte noch um einiges schlimmer werden: 1985 berief Osho eine Pressekonferenz ein, bei der er Sheela und andere Mitarbeiter in seiner Kommune beschuldigte, Verbrechen begangen zu haben. Er bat die Behörden, Ermittlungen einzuleiten. So konnte beispielsweise nachgewiesen werden, dass durch Sheela & Co. Salmonellen ins Essen verschiedener Restaurants gemischt wurde, um abzuschätzen, ob so eine Wahlmanipulation möglich wäre. Auch wurden innerhalb der Kommune Überwachungstechnologien eingesetzt, um die zunehmend schlechtere Stimmung zu kontrollieren. Doch konnten die Beteiligten nicht verhaftet werden. Die damalige Kommunenleitung floh in andere Länder, Sheela beispielsweise nach Deutschland. Osho erlitt hierdurch nicht nur einen schweren Rufschaden. Der indische Guru wurde nun auch ins Visier der amerikanischen Behörde genommen. Was Osho widerfahren ist, wünsche ich keinem Menschen. Am 23. Oktober 1985 veröffentlichte Federal Grand Jury ihre

Anklageschrift gegen Osho wegen zahlreicher Einwanderungsdelikte. Am 28. Oktober wurde er dann mit der Begründung verhaftet, Osho habe fliehen wollen. Zwölf Tage lang wurde er dann aus reiner Schikane von Gefängnis zu Gefängnis gefahren, seine Anhänger durften ihn kaum sehen. Es ist nachweisbar, dass Osho in seinem hohen Alter zahlreichen Rektaluntersuchungen im Gefängnis unterzogen wurde. Osho selbst behauptete auch, dass er mit einem Mittel vergiftet worden sei, dass nicht mehr nachweisbar sei. Die qualvolle Prozedur endete mit dem Gerichtsurteil der Bewährung auf zehn Jahre, unter der Bedingung, das Land zu verlassen, und einer 400.000 $ Strafe.

Wie es mit der Kommune und Osho zu Ende ging? Die Kommune brach kurz nach Osho's Abreise zusammen. Osho unternahm dann noch einige Vortragsreisen, beispielsweise nach Nepal, Kreta und Uruguay. Antelope, das durch den Einfluss der Kommune 1984 in Rajneesh umbenannt wurde, wurde nun wieder zurückbenannt. Durch den zunehmend schlechteren Gesundheitszustand hielt Osho seinen letzten Vortrag 1989, Anfang des Jahres 1890 verstarb er schließlich.

Was können wir durch diese Geschichte lernen? Wie auch die Kommune 2 (K2) konzentrierte sich Oshos Kommune mehr auf die politische Arbeit, als auf die innere Stabilität und den Frieden. Sicherlich war ein friedliches Miteinander mit den Einwohnern von Antelope schwierig zu verwirklichen, aber es wäre möglich gewesen. Hier wäre aber auch bereits zuvor Fingerspitzengefühl notwendig gewesen, um zu wissen, ob der Standort der Kommune optimal war. Auch hat Osho meiner Meinung nach einen Fehler gemacht. Er hat die Zügel aus der Hand gegeben und Kriminalität erst ermöglicht. Seine Aufgabe wäre es gewesen, den Weg der Kommune zu ebnen und zur Besinnung aufzurufen. Stattdessen hat er sich dem Schweigen hingegeben. Sicherlich ist Schweigen eine wichtige Maßnahme, um Frieden zu finden, aber sie kann gerade auch im Zusammenleben und im Leiten einer Kommune als Oberhaupt mehr als hinderlich sein. Weiterhin war die stets hohe Medienpräsenz nicht unbedingt förderlich. Es ist nicht schlecht, öffentlichkeitswirksam zu werden. Aber hier müssen eben auch die Bedürfnisse der Kommunenbewohner berücksichtigt werden. Es wurde niemand gefragt, ob es nun so sinnvoll wäre, Obdachlose aus dem ganzen Land in der Kommune unterzubringen.

Dies hat die Harmonie und den Zusammenhalt dieser Menschen erheblich gestört.

Schlussendlich wurde das Wohl des Einzelnen für die Kommune geopfert. Dies ist eine Entwicklung, die wohl jede Ideologie betrifft. Doch die Kommune, die ich mir vorstelle, ist weder Wohlfahrt noch Despotismus. In der Kommune sollen Menschen sich gleichermaßen einbringen können. Der Geist der Kommune lebt von der Kreativität und Kraft des Einzelnen. Ohne den Unternehmergeist und die Freude am Alltag wird es niemals eine Gesellschaftsform geben, die wirklich lange den Frieden bewahren kann.

Interessanterweise ist dies auch Osho's Vorstellung von einer Kommune. Auf seiner Webseite (die ich im Literaturverzeichnis mit Link angegeben habe) schreibt er über die Auflösung von Staaten und Nationen durch die Kommunenbewegung. Für ihn ist die Kommune *„die Proklamation eines Lebens ohne Ehrgeiz, der Gleichberechtigung aller"*. Im Gegensatz zu Marx, so meint Osho, würde er die Menschen jedoch nicht zur Gleichheit zwingen wollen. Er sei weder für Gleichheit noch für Ungleichheit, er wolle lediglich die Chance auf Gleichheit bieten, damit die

Individualität jedes Menschen erblühen kann. In diesem Punkt ist es sehr sinnvoll, dass Osho darauf hingewiesen hat, dass er leicht misszuverstehen sei. Er möchte keine Ideologie verwirklichen, sondern zum freien Ausdruck, zur Kreativität und zum Frieden beitragen. Osho wurde durch seine Anzahl Rolls Royce Autos oft als Heuchler dargestellt und als *„Luxus-Guru"* beschimpft. Auf seine Webseite macht er klar, dass er für den Reichtum ist. Dieser Reichtum soll jedoch der Kommune dienen und so kann auch der Einzelne davon profitieren. Tatsächlich wird er in Bezug auf Geld und Profit sehr deutlich:

„Alle Kommunen sollten zusammenhängen, aber sie werden kein Geld austauschen. Geld sollte abgeschafft werden; es hat der Menschheit ungeheuer geschadet. Jetzt ist es Zeit, ihm Adieu zu sagen. Denn Geld lässt sich akkumulieren. Und wenn eine Kommune reicher wird als die anderen Kommunen, kommen durch die Hintertür wieder Reichtum und Armut herein, und der ganze Alptraum des Kapitalismus und die Klassen der Armen und Reichen und der Wunsch zu herrschen: weil ihr reich seid, könnt

ihr andere Kommunen unterwerfen. Geld ist einer der Feinde des Menschen. Kommunen werden untereinander tauschen. Sie werden über ihre Radiosender bekannt geben, dass dieses und jenes Produkt bei ihnen zu haben ist. Wer andere Produkte hat, die sie brauchen, kann sie kontaktieren, und diese Dinge können auf freundliche Art und Weise ausgetauscht werden. Es gibt kein Feilschen, es gibt keine Ausbeutung. Aber eine Kommune sollte nicht zu groß werden, weil Größe ebenfalls gefährlich ist." – Osho

Auch über die Größe der Kommune spricht er offen. Er ist gegen die Überbevölkerung und für eine Ordnung, sodass jeder sich kennt. Wenn die Menschen sich nicht mehr kennen können, dann soll sich die Kommune in zwei teilen. Hier haben Osho und ich also sehr ähnliche Vorstellungen über Austausch von Waren, Fertigkeiten und Ideen. Das Alter soll laut Osho als etwas Edles gelten, da die Alten mit den jungen Menschen ihre Erfahrungen austauschen können. Auch hier empfinde ich eine hohe Kongruenz. Einen Satz empfinde ich als besonders ausdrucksstark:

„Eine kleine Gruppe von Menschen kann das Leben viel leichter genießen, weil es an sich schon eine Freude ist, so viele Freunde, so viele Bekannte zu haben." – Osho

Letztlich geht auch für mich darum, dass jeder Mensch genug Raum für sich hat und sich in Ruhe und Stille zurückziehen kann. Aber wenn dem Menschen dies genug ist, hat er genügend Freunde und Familie, mit denen er den Frieden feiern kann. **Nun ja, vielleicht war Oshos Kommune in Amerika nicht unbedingt ein Vorbild.** Sicherlich bleibt auch offen, ob Osho's Plan funktioniert, wenn er den Plan selber nicht einmal hat umsetzen können. Aber für mich sind die Ansätze mehr als stimmig. Wer sich Wild Wild Country anguckt, der wird auch ein Gefühl dafür bekommen, dass Kommunen keine Utopie sind, sondern eine realistische Chance. Oshos Kommunenbewohner haben in den Anfangstagen (und auch später noch trotz der Widrigkeiten) eine unglaubliche Euphorie und Begeisterung an den Tag gelegt. Es ist schon durch den Bildschirm ansteckend gewesen. Doch wie auch Osho schreibt, ist eine Kommune so individuell wie auch die Menschen, die die Kommune bewohnen. Es gibt kein Patentrezept für eine Kommune, es kann immer nur einen groben Rahmen geben. Es ist also schwierig zu beurteilen, ob die Kommune nur eine Utopie ist, weil einzelne Menschen an der Umsetzung gescheitert sind. Hier würde ich ganz pragmatisch dir die Wahl lassen. Hältst du die Kommune mehr für eine Chance oder für ein Risiko?

„Die ganze Welt sollte eine Menschheit sein, aber über lauter kleine Kommunen verteilt, aus rein praktischen Gründen. Kein Fanatismus, kein Rassismus, kein Nationalismus - dann können wir zum ersten Mal alle Kriege vergessen." – Osho

Moderne Konzepte: Tiny Houses

Abbildung: Ein Tiny House auf dem Land.

Das Tiny-House-Movement ist aus der Philosophie des Minimalismus geboren und bezeichnet eine Gruppe von Menschen, die sich dem suffizienten Wohnen und Leben verschrieben haben. Suffizienz ist hier im Sinne der Soziologie und Nachhaltigkeit als ein Wandel in Richtung des genügsamen und einfachen Lebens gemeint.[32] In Amerika hat dieser Wohntrend schon in den 1920er Jahren begonnen und sich nach der Finanzkrise 2008 manifestiert. In den letzten Jahren hat dieser Trend noch einmal einen kräftigen Aufschwung erhalten, weswegen es sogar Serien wie Tiny House Nation[33] gibt, die Einblicke in Bau und Beschaffenheit der modernen Mini-Häuser bieten. Minimalisten und Tiny-House Verfechter erstreben durch diesen Rückzug ins einfache Leben auch einen Verhaltenswandel zur Abkehr von der Ausbeutung und Zerstörung des Planeten Erde. Tatsächlich gibt es, so empfinde ich es, gute Hinweise darauf, dass ein gemäßigter Lebensstil, zu dem ich das Tiny House als Faktor hinzuzähle, die Gesellschaft positiv beeinflussen kann. Insofern ist es durchaus erstrebenswert und sinnvoll, das Tiny House auch im Sinne der Kommune vorzustellen.

Ich möchte mit einem Definitionsversuch starten. Typische Tiny Houses (wörtlich: „winzige Häuser") weisen eine Größe von 15-45 m^2 auf, in Amerika dürfen sie hingegen nicht mehr als 37 m^2 Fläche aufweisen. Es gibt feste Häuser, genauso wie es zirkuswagen- oder wohnwagenähnliche mobile Tiny Houses gibt. Bisher gibt es in Deutschland noch sehr viel weniger gesetzliche Bestimmungen als in Amerika (was vielleicht gar nicht unbedingt schlecht ist). Fest steht jedoch, dass mobile Tiny Houses natürlich an den Straßenverkehr angepasst sein müssen, sie dürfen als beispielsweise nicht breiter als 2,55m sein.

Wegen der kleinen Größe der Häuser hat sich eine ganz eigene minimalistische Baukunst entwickelt. So wird versucht, möglichst viel an Platz zu sparen, damit die Bewohner noch genügend Freiraum für sich oder sogar für ihre Familie haben. Es kommt nicht selten vor, dass Tische ausgeklappt werden und Treppen nach oben in den Loft (wo meist das Schlafzimmer liegt) verschiebbar oder zusammenbaubar sind. In manchen Fällen sind die Anwender sogar so kreativ, dass Möbel kombiniert werden (etwa die Treppe und das Bücherregal. Wie das aussieht wirst du bestimmt auf deiner liebsten Streamingplattform entdecken können.

Natürlich haben Tiny Houses auch all das, was normale Häuser haben: Sanitäranlagen, Schlafzimmer, Wohnzimmer, Küche (mit Dusche oder seltener auch Badewanne), Elektronik … nur eben alles sehr viel kleiner. Durch die Größe wird der Tiny House Besitzer schnell zum pragmatischen Erfinder, wird aber auch schnell dazu gebracht, unnötigen Krempel zu entsorgen und sich auch nicht neu zu kaufen. Im Tiny House kann nur das genutzt werden, was wirklich gebraucht wird. Anstatt 30 verschiedene Jacken zu haben, sind hier vielleicht nur 3 sinnvoll (oder möglich).

Anstatt 50 Steckdosen hat man hier eben nur zehn. Anstatt drei Arbeitsplatten passt hier nur eine Arbeitsplatte hinein. Wer an einem Tiny House für sich selbst interessiert ist, der sollte dies bedenken. Es kann manchmal ganz schön eng werden.

Was kostet ein Tiny House denn eigentlich? Einen einheitlichen Preis gibt es tatsächlich nicht, dies ist auch von Anbieter zu Anbieter unterschiedlich und natürlich von den Anforderungen abhängig. Teurer als 100.000€ sollte ein Tiny House mit kompletter Ausstattung auf jeden Fall nicht sein. Eine Ausnahme sind möglicherweise nachhaltige Bauarten, die auch erneuerbare Energien verwenden (Solaranlagen) und Off-Grid-Möglichkeiten einbauen (Selbstversorgungsmöglichkeiten wie Regenwassergewinnung und -nutzung). Es gibt jedoch auch Anbieter, die voll ausgestattete Tiny Houses im Preis von 30.000€ bis 50.000€ verkaufen. Der Preis kann noch einmal deutlich fallen, wenn die Einrichtung selbst eingebaut wird. Hinzu kommt, dass manche Anbieter auch die Möglichkeit geben, selbst an dem Tiny House anzupacken. Das hat nicht nur einen Erlebniswert, sondern führt auch zur höheren Wertschätzung und geringeren Kosten. Es kommt natürlich bei den Kosten auch darauf an, wer den Kredit vergibt und wie viel bereits angespart wurde. Grundsätzlich gibt es jedoch bereits Banken in Deutschland, die einen Tiny House Kredit auf bis zu zehn Jahre vergeben. Wer ein Tiny House ernsthaft in Erwägung zieht, der sollte sich gut überlegen, welche Möglichkeiten in Betracht gezogen werden. Denn die Schwierigkeit beim Kauf einen Tiny Houses liegt – zumindest in Deutschland – nicht unbedingt an der Finanzierung oder in der Herstellung, sondern im Grundstück.

Tiny House Grundstücke sind bisher rar gesät. Es gibt inzwischen zwar einige Anbieter von Tiny House Siedlungen, bei denen Tiny House Besitzer ein Grundstück pachten oder kaufen können, allerdings sind diese Grundstücke meist nicht nur extrem klein, sondern auch nicht unbedingt in einer guten Lage. Zugegeben, wer ein Tiny House kaufen möchte, hat meist den Hintergedanken, ein eher ländliches Leben zu führen. Dennoch würde ich für mich immer eine Anbindung an eine nächstgrößere Stadt in mindestens einer Stunde Entfernung wünschen. Hinzu kommt, dass es schnell ziemlich kompliziert werden kann, wie das das Grundstück gekauft wird. Ich habe bisher noch keinen Kredit gefunden, der den Kauf von Tiny House und Grundstück gemeinsam ermöglicht, sodass beides in der Regel eher als einzelne Kredite finanziert werden muss. In dem inzwischen nicht mehr überschaubaren Dschungel an Bürokratie in Deutschland können Tiny-Begeisterte und Minimalisten schnell einen Dämpfer verpasst bekommen, wenn es um den Wunsch geht, sich ein Tiny House zu kaufen.

Mit der folgenden Checkliste möchte ich die notwendigen Schritte auflisten, die der Wunsch eines Tiny Houses mit sich zieht:

Checkliste

1. IST-Zustand erfassen
2. Bei Tiny-Anbietern informieren & Probewohnen
3. Wünsche und Anforderungen formulieren
4. Finanzierung und Kosten klären
5. Passendes Grundstück suchen
6. Kredit prüfen und Vorhaben mit der Bank klären
7. Zweite Meinung bei Familien & Freunden holen
8. Auftrag erteilen

Der Vorteil, den ein Tiny House bietet, lässt sich nicht nur langfristig über Nachhaltigkeit und Suffizienz berechnen. Ein Tiny House kann zudem als passives Einkommen dienen, indem Interessierten ein Probewohnen und eine Urlaubsherberge im Tiny House Stil ermöglicht wird. Wer weiß schon, ob Tiny Houses nur ein Trend bleiben oder langfristig das Zusammenleben revolutionieren? **Im Tiny House zu wohnen ist jedenfalls eine Erfahrung, die ich jedem empfehlen möchte.** Vielleicht ist es auch für bestimmte Menschen gar nichts. Auch ich werde vermutlich nicht für immer in einem Tiny House wohnen. Aber ich möchte auch einfach wissen, ob ein solches bescheidenes Leben nicht auch glücklicher macht.

Für die Kommune halte ich dieses Konzept (bisher) als für sehr geeignet. Die Größe des Hauses sorgt eh dafür, dass sich Menschen mehr außerhalb ihrer vier Wände aufhalten. Dadurch kann die Gemeinschaft mehr Zeit am Lagerfeuer oder im Gemeinschaftsraum (der durchaus größer sein darf) verbringen. Ich glaube auch, dass Menschen, die sich zusammenschließen und die verschiedensten Fähigkeiten haben, in der Lage sind, selbst handwerklich tätig zu werden und Tiny Houses zu bauen und zu pflegen.

Sind Tiny Houses das Konzept der Zukunft? Nun, es mag hart klingen, aber in vielen Metropolen und Großstädten der Welt wohnen die Menschen bereits auf ähnlicher m²-Größe und zahlen einen irren Preis. Mir scheint es so, dass der Immobilienmarkt immer skrupelloser wird. Zudem haben diejenigen Menschen einen Vorteil, die eine Immobilie abbezahlen, da Wohnen zur Miete – verzeih mir diesen Ausdruck – rausgeschmissenes Geld ist. Natürlich sind Investitionen immer mit Risiken verbunden, aber wer sich ordentlich informiert, hat gute Chancen, ein Grundstück und ein Tiny House für unter 100.000€ zu finden, sodass nicht für den Rest des Lebens ein Kredit getilgt werden muss und eine gewisse Sicherheit aufgebaut werden kann. Und wer nach einigen Jahren kein Gefallen mehr an Tiny Houses findet, der kann die winzigen Häuser eben wieder verkaufen oder an Interessierte vermieten.

Es gibt kein Patent-Rezept für zufriedenes und nachhaltiges Wohnen, aber Tiny Houses – so finde ich – bieten eine gute Gelegenheit, herauszufinden, wie dies aussehen kann. Ob eine Kommune letztlich auf Tiny Houses zurückgreift liegt auch an den eigenen Ressourcen und Wünschen, die eingebracht werden.

Ein Tiny House ist definitiv mehr als eine zeitlich begrenzte Lösung. Es bietet den Charme eines heimeligen Wohnens und macht bewusst, was die wirklich wichtigen Dinge im Leben sind. Daher wird dieser Trend auch nicht allzu bald von der Bildfläche verschwinden. Da bin ich mir sicher.

Umsetzung

Nun denn, es ist alles Wichtige zur Aufklärung über die Idee der Kommune gesagt. Wer glaubt, dass das Versprechen der Kommune nur eine Utopie sei und, dass die bereits aufgeführten Aspekte und Erklärungen über die Wirklichkeit nicht ausreichen, der kann nun erkennen, wie leicht die Organisation und Zusammenführung von Menschen in eine Kommune aussehen kann.

Die Mittel des einzelnen Menschen sind sehr begrenzt. Der Arbeiter – oder auch Wirtschaftlich-Abhängiger, wie man ihn modern bezeichnen könnte – ist immer an seine jeweiligen Mittel gebunden. Nicht jedoch, wenn er sich mit seinem engsten Kreis, mit dem er sich eine solche Gemeinschaft vorstellen kann, verbindet und seine Mittel wie Kapital, Wissen und Fähigkeiten austauscht. Tatsächlich funktioniert es hier sogar relativ einfach nach dem Prinzip: **Je diverser und vielfältiger die angehende Gemeinschaft ist, desto leichter fällt ihr die Umsetzung.** Denn zu beachten ist nicht sonderlich viel. Vielmehr als materielle Forderungen stehen geistige Forderungen im

Vordergrund. Denn der Schritt aus der finanziell-wirtschaftlichen Abhängigkeit in die Selbstständigkeit erfordert Mut. Ein Mut, der nur durch die Gemeinschaft gehalten werden kann. Einzelkämpfer sind dabei hinderlicher als Team-Player. Nur die Gruppe kann Zusammenhalt bieten und Zweifel aus dem Weg räumen. Das Erste, was also nach der Begeisterung über die Idee der Kommune getan werden sollte, ist ein Austausch darüber, ob die Bereitschaft vorhanden ist, diesen Schritt zu wagen.

Wurde sich genug Zeit genommen für diese Entscheidung, so müssen alle weiteren Schritte in Einvernehmen geklärt werden. Bis zum wirklichen Übergang in die Freiheit bedarf es noch einiges an Zeit: Denn entweder wird nach und nach das Leben immer mehr an die Idee der Kommune angepasst oder die die Fähigkeiten müssen allesamt gemeinsam erarbeitet werden und die Ressourcen gebündelt, bevor es dann in die Kommune geht. In der fertigen Kommune müssen alle 12 Berufe erfüllt werden, d. h. nicht nur die Theorie, sondern auch die Praktiken müssen beherrscht werden. Wie sollte denn die Kommune am Leben erhalten werden, wenn die Organe des Organismus ihre Aufgabe nicht erfüllen können und bereit sind, für die Lebensweise einzutreten? Es ist gewiss kein leichter Weg bis dorthin. **Und gleichwohl, es muss sich genügend Zeit genommen werden, damit Erfahrung gesammelt werden kann.** Hierfür empfehlen sich nicht nur Reisen zu bereits bestehenden Siedlungen und Kommunen mit ähnlichen Einstellungen, sondern auch die Annahme und Katalogisierung von Wissen. Diese kann auch aus Ausbildungen, Studiengängen und eigenen Praktiken erarbeitet werden. Um einen einwandfreien Lernprozess zu ermöglichen, ist die richtige Einstellung und Geduld notwendig. *Es ist noch kein Meister vom Himmel gefallen.* Daher ist es auch empfehlenswert, dass sich selbst und der Gruppe eine Zeit von ein bis drei Jahren gegeben wird. Dies kann natürlich individuell entschieden werden. Zeitdruck sollte dabei aber nicht als zu wichtig erachtet werden, denn wenn man überlegt: Was sind schon drei Jahre harter Arbeit und Wissensaneignung gegenüber einem ganzen Leben in Glückseligkeit?

Abhängig von der Zeit ist ebenso die individuelle Vorbereitungszeit, die mit der Erlernung der verschiedenen Berufe einhergeht. Anhand der Talente, Fähigkeiten und den bereits erlernten Eigenschaften ist also zu entscheiden, wer welche Rolle in der Kommune zu übernehmen hat. Sind bereits reichlich Vorerfahrungen vorhanden, so kann die Zeit auch angepasst werden. Wichtig sind jedoch Gründlichkeit und umfassendes, interdisziplinäres Verständnis der zu erlernenden Berufe. Ebenso ist ein abschließender, praktischer Test empfehlenswert, der die Fähigkeiten überprüft. Jegliche Zweifel über die Anwendung der Wissensinhalte sollten aus dem Weg geräumt werden, denn die ganze Kommune ist abhängig von allen ihren Mitgliedern.

Unabhängig von den Berufen hingegen ist die Wahl eines Standortes, die Versorgung mit Strom für Licht, Energie und Internetanschluss sowie eine ausreichende und stetige Wasserversorgung. Ausschließen tut dies somit etwa Inseln, bei denen keine natürliche Wasserversorgung gegeben ist. Ein ländlicher Raum, der erschlossen werden kann und an den ein Internetanschluss verlegt werden kann, ist schon mal potentiell geeignet. Eine zu weite Entfernung von der Zivilisation birgt das Risiko einer Abschottung und eines geringeren Austausches von Informationen, Praktiken und gemeinsamen Zeremonien. Es sollte zwar eine natürliche Begrenzung des Raumes stattfinden, damit potentielle äußerliche Risiken minimiert werden können, allerdings keine vollständige Isolation. **Bei Lebewesen hilft die Haut zur Abgrenzung von Krankheitserregern und dennoch gibt es bestimmte Organe (Ohren, Augen, Mund), mit denen Kontakt zur Außenwelt aufgenommen werden kann und sollte (und auch die Haut ist durchlässig für bestimmte Stoffe).** Hierfür eignet sich wiederum sinnbildlich in unserer Moderne das Internet. Es sei wieder darauf hingewiesen, dass die Erschaffung einer Plattform zur universellen Kontaktaufnahme eine Bedingung darstellt, um als Vorbild eben jene Lebensform vermitteln zu können. Zu weite Entfernung, Isolation, falsche Standorte sowie natürlich die falsche Wahl der Teilnehmer & Gruppe sind Gift für den langfristigen Zusammenhalt. Es müssen die richtigen Voraussetzungen geschaffen werden, damit sich der Wandel langfristig vollziehen kann. Ein Umdenken kann nur durch das Interesse an der Harmonie und die Sicherheit über die Funktion der Gemeinschaft bewältigt werden. Die Desillusionierung über die Einfachheit des Projektes sollte somit direkt zu Beginn geschehen. Eine Kommune ist harte Arbeit und erfordert Disziplin von jedem, der sich ihrer Aufgaben annimmt.

Disziplin ist nur dann umzusetzen, wenn gewusst wird, wofür gearbeitet wird. Sind alle bereit, ihr Leben der Gemeinschaft zu widmen, weil ihre Lebenserfahrung dazu geführt hat, zu erkennen, dass die Befriedigung der eigenen egoistischen Bedürfnisse keine langfristige Zufriedenheit bringt, so können erst dann die Grundfeste der Kommune sicher gehalten werden. Wir sehen es auch ganz eindeutig durch die Versuche der letzten Jahrhunderte, den Kommunismus zu etablieren: Führen nicht Zwang innerhalb einer riesigen Gruppe von Menschen, die in jeglichem Wert, ob finanziell oder hierarchisch gleich sind, zum Verlust der Einheit und zur tiefen Spaltung innerhalb der Gesellschaft? So mögen sich die Differenzen nicht durch die finanzielle Spaltung der Gesellschaft aufzeigen, wie es im Kapitalismus der Fall ist, aber ganz eindeutig durch die Verelendung und Beschränkung der Freiheitsideale. Wäre es nun nicht vorteilhaft zu bedenken, ob eine Vereinigung beider Lebensformen möglich wäre? Dazu bedarf es der Überlegung, was im schlimmsten Falle eintreten könnte und was im Besten. Im schlimmsten Fall kehren wir in die Diktatur zurück, in der die freiheitlichen Ideale vollständig unterdrückt werden und es vorgegeben wird, wie und wovon der Mensch zu leben hat. Eine Anarchie wäre hingegen kaum denkbar, solange der Mensch sich und seine Infrastruktur nicht selbst durch seine Waffen zerstört. Dennoch werden beide Möglichkeiten durch ein Argument getrübt: **Dies ist die Weiterentwicklung der Natur und Überwindung alter Strukturen und Muster.** Ersichtlich ist: Kein Tier und keine Pflanze kehrt zum minder-effizienten Ausgangspunkt zurück, wenn es nicht dazu gezwungen wird. Jede Information, jede Veränderung führt zur Anpassung an das Neue.

Und in welchem Zeitalter stehen uns mehr Informationen zur Verfügung als in dem unserem? Wir können jederzeit Bücher über das Internet bestellen und das Lesen, was über Jahrtausende nur den Pharaonen, Königen, Kaisern, Diktatoren und Priestern vorbehalten war. Sollten wir diese unglaubliche Macht des Wissens, die sowohl zur Zerstörung als auch zur Heilsbringung genutzt werden kann, nicht dafür verwenden, um unsere Fantasie zurückkehren zu lassen? Würde unsere Fantasie uns nicht wieder das Träumen lehren, über eine Welt, die in Frieden und Eintracht miteinander lebt? Und kann nicht nur dann Krieg stattfinden, wenn die Wurzel des Übels in die Köpfe der Menschen gepflanzt wird, um sie glauben zu machen, dass es keine andere Wahl gibt als die Ignoranz über andere Lebewesen und die Auslöschung eben jener zur Sicherung des eigenen Überlebens? So behaupte ich: Erkennen wir unsere wahren Träume, so arbeiten wir an unseren Idealen. Und unsere Ideale sehen nicht aus wie eine Anarchie, wie eine Diktatur und auch nicht wie der Kapitalismus oder Kommunismus. Wir streben nach wahrhaftigen basisdemokratischen Strukturen, keiner Scheindemokratie, in denen wir bis auf die Wahl unserer Repräsentanten keine wirkliche Stimme mehr haben. **Wir wünschen uns eine Gesellschaft, in der jeder voreinander gleich ist und Verantwortung trägt, ohne sich vor ihr zu scheuen.** Zur Erreichung des Ideals ist eine Verschmelzung von Kommunismus und Kapitalismus im kleinen Rahmen unabdingbar, wodurch sich letztlich ein Wandel vollzieht, mit dem Ziel, dass jeder Mensch in Naturverbundenheit und Spiritualität die freie Wahl der Eigenwirtschaft hat und dennoch der sozialen Gleichheit in vertrauensvoller und wertschätzender Brüderlichkeit unterliegt. Gerade die geringe Gruppengröße der Kommune mag hierbei vielleicht den größten Effekt haben. Vielleicht hat uns auch erst die Anonymisierung unserer modernen Welt ins Elend gestürzt?

Was ist nun unser Weg als Menschen, die in Einheit leben wollen? Wir erkennen unser Potential an, welches wir stets in uns trugen. Wir erkennen, dass sowohl Kapitalismus als auch Kommunismus etwas Gutes in sich tragen, jedoch nur in wirklicher Gemeinschaft realisiert werden können. Wir erkennen, dass es niemals das Ego war, wofür wir gekämpft haben, sondern stets wir für unser wahres Selbst und unsere Gemeinschaft. Darum müssen wir die Eigenschaften aus uns hervorlocken, die es schaffen können, diese schwierige und gleichzeitig chancenreiche Phase des Informationszeitalters zum Wohle aller zu nutzen und nicht nur für die Befriedigung des Egos.

Aktuelle Entwicklungen

Angesichts der aktuellen COVID-19-Pandemie wird der gesellschaftliche Wandel noch einmal erschwert. Viele Menschen spüren, dass der Frieden der letzten Jahrzehnte vorbei ist und nun ein neuer, aber andersartiger Krieg begonnen hat. Nicht mehr gegen andere Völker und Nationen, dafür aber gegen das Unsichtbare und gegen die Krankheiten des Menschen. Die stetig genutzte Kriegsrhetorik ist hier nur ein Anhaltspunkt für dieses Argument. Es lassen sich aber noch viele weitere Beispiele finden.

Zum einen lässt es den Menschen natürlich erschaudern, wenn über die Gesundheit Angst eingeflößt wird und Menschen diskriminiert werden. **Das Weltbild der Menschen im Jahr 2020 und 2021 ist davon geprägt, dass potentiell jeder Mensch eine Biowaffe sein könnte, weil er Viren übertragen kann.** Wie bei allen Ideologien wird auch in der COVID-19-Pandemie das Ziel der Überwindung des Virus als „das Gute" ausgegeben. Doch der Zweck heiligt nicht die Mittel und macht auch nicht die Kollateralschäden überflüssig. Das tatsächliche Ausmaß dieser Krise ist momentan nur ansatzweise erkennbar und wird auch vermutlich erst in Jahren vollständig aufgedeckt werden können. Dann wird vermutlich auch verstanden werden, dass es sich hierbei nicht um eine Pandemie gehandelt hat, welche nur den biologischen Bereich des Menschen gefährdet hat, sondern um eine Syndemie[34], also eine Ausbreitung von Krankheiten in allen Bereichen des menschlichen Erlebens. Eine Syndemie ist somit weniger dadurch gekennzeichnet, dass sich ein gefährliches Virus verbreitet (ein Merkmal, was auch auf COVID-19 als Pandemie nicht zutreffen würde, da die Letalität etwa 0,23 % beträgt[35]), sondern, dass die gesellschaftlichen Zustände gerade alarmierend sind. Heißt: Die Ökonomie ist beeinträchtigt, das Gesundheitssystem beschädigt, die Menschheit krankheitsanfällig und desinformiert, die Gesellschaft gespalten…

Die COVID-19-Pandemie hat vor allem offenbart, dass die Gesellschaft potentiell auf Abwege gerät, weil die wirklich wichtigen Dinge des Lebens zunehmend außer acht geraten: Spaß und Freude, Sicherheit und Geborgenheit, Gesundheit & Prävention, Sinnfindung bzw. einen sinnstiftenden Beruf und Transzendenz sowie Selbstverwirklichung (um hier nur einige Aspekte aus der Maslowschen Bedürfnispyramide herauszugreifen). Zum anderen zeigt die Pandemie jedoch auch, wozu die Menschen fähig sind. In kürzester Zeit sind ganze Wirtschaftssysteme fähig, ihre Produktion auf Gesichtsmasken umzustellen, Gesundheitsberufe werden gefeiert, Menschen achten aufeinander und hören darauf, was ihnen von *„denen da oben"* gesagt wird. Sicherlich gibt es auch bösartige Desinformationskampagnen, aber dies scheint mir eher die Ausnahme als die Regel zu sein. Alles in allem zeigen die aktuellen Entwicklungen das Potential der Menschen auf, sich für sich und ihre Mitmenschen einzusetzen.

Ein erheblicher Vorteil, den die Kommune birgt, ist ja auch der, dass Menschen nicht mehr diskriminiert und instrumentalisiert werden können. Dadurch, dass die Menschen sich untereinander kennen, entsteht Vertrauen und Geborgenheit. Jede Kommune kann für sich selbst festlegen, welche Regeln sie achten möchte und inwiefern sie eine Pandemie (oder auch schlicht eine Grippewelle) beurteilen möchte. Die eine Kommune verbarrikadiert sich, bis die Viruswelle vorbei ist, die andere Kommune pflegt denselben Umgang wie immer und achtet zudem auf eine adäquate Nährstoffversorgung. Es gäbe auch keine Konflikte mehr, keine Anlässe für Talkshows, weil niemand sich über einander aufregen muss. Die autoregulative Selbstverantwortlichkeit und Selbstkompetenz der Kommune ist eine Fähigkeit, die auch der Mensch laut dem biopsychosozialen Krankheitsmodell aufweist. Wer dies einmal verstanden hat, zögert nicht mehr daran, dass dem Menschen alles mitgegeben wurde, was er für das Überleben braucht.

Sicherlich finden sich nach wie vor Kontraargumente gegen das Modell der Kommune, wie etwa: *„Eine Kommune braucht doch ein funktionierendes Gesundheitssystem!"*

Aber auch hierfür lassen sich Lösungen finden. Ich habe ja beschrieben, dass sich in jeder Kommune genügend Heilkundler und Naturforscher befinden sollten, die im Ernstfall auch etwas unternehmen könnten. Sollte dies nicht reichen, wäre nach wie vor ein Gesundheitssystem denkbar, welches durch den Zusammenschluss verschiedener Kommunen geführt wird. Hier sollte jedoch meiner Meinung nach darauf geachtet werden, dass die Entfernung und die Größe immer beachtet werden sollten. Zu groß und zu weit sind Kriterien, die uns überhaupt erst in diese Lage gebracht haben, dass die COVID-19-Pandemie möglich war. Eine anonymisierte Gesellschaft kann sich Fehler im Umgang mit Krisen einfach gegenseitig in die Schuhe schieben. Viele Probleme lassen sich in dem jetzigen System auch aus ökonomischen Gründen nicht leicht ändern. Viele Krankenhäuser bauen immer mehr Betten ab, weil es schlicht ökonomisch ungünstig ist und nicht staatlich gefördert wird (mit Ausnahme von Pandemiezuständen, dann ist es sehr rentabel). Je kleiner die Basis, desto höher die Bereitschaft, für den Ernstfall vorzusorgen.

Für mich ist die Kommune ehrlich gesagt das einzige mir bekannte Gesellschaftsmodell, in welchem sich Idealismus und Pragmatismus vereinen lassen. Wie wir anhand der Geschichte gesehen haben, war der Kommunismus viel zu idealistisch, während der Kapitalismus viel zu pragmatisch war. Beide Gesellschaftsformen hatten ihre Vor- und Nachteile. Um die Spaltung zu überwinden, sind nun neue Lösungen wie die Kommune notwendig, um zukünftige Katastrophen (und Katastrophenszenarien wie den Klimawandel) zu vermeiden.

System-Theorie

Abbildung: Das Wasser als Symbol für die System-Theorie. Wellen bewegen sich in konzentrischen Mustern. Dies bedeutet, dass Wasserbewegungen immer um einen Mittelpunkt herum geschehen. Ähnlich ist es auch mit der Erfassung der Wirklichkeit des Menschen: Der Mensch nimmt sich selbst als Mittelpunkt wahr, von dem aus alle anderen Wissensbereiche (Wellen) definiert werden.

Unser derzeitiges Gesellschaftssystem war nicht das erste Modell, in dem Menschen miteinander gelebt haben und es wird auch nicht das letzte Modell sein. Es ist wichtig, dies einzugestehen, denn so können wir möglichst vorurteilsfrei und unbehaftet auf unsere Welt blicken und erkennen, dass jedes System seine Berechtigung hat und es auf die Geisteshaltung der Menschen ankommt, die in dem System leben und arbeiten.

Was war zuerst da, der Mensch oder das System?

Ich denke, dass das System und der Mensch eine Co-Abhängigkeit eingegangen sind, weil sich das System schließlich dem Gemütszustand des Menschen anpassen muss. **Solange Menschen zusammen leben, müssen auch Wege und Möglichkeiten der Strukturierung gefunden werden.** Das aktuelle System ist von der Fokussierung des Menschen als Ausgangspunkt (Anthropozentrisches Weltbild) abgekommen und hat sich zunehmend anderen Lebens- und Wissensbereichen verschrieben. Ob dies letztlich die Ökonomie, Ökologie oder die Gesundheit ist, ist dabei egal, denn jede Fokussierung, die vom Menschen abweicht, ist zum Scheitern verurteilt. Wer den Menschen aus dem Zentrum rückt, der versteht nicht, dass das Erleben ja gerade erst durch den

Menschen als Mittelpunkt strukturiert wird. Wer die Macht des Menschen abstreitet oder sentimentalisiert, der ist auch blind für die Schäden an der Umwelt. Wird die Ökonomie als zentrale Instanz gesetzt, folgt eine Diktatur der Wirtschaft und Produktivität. Wird die Ökologie als zentrale Instanz gesetzt, folgt eine Diktatur der Ökosentimentalität und des Klimas. Wird der Mensch hingegen als unentbehrlicher Mittelpunkt anerkannt, so können Ideen wie Würde, Menschenrechte, Selbstkompetenz und Kohärenz wieder in Erscheinung treten.

Es wäre demnach fatal, den Menschen nicht als Mittelpunkt der Welt anzusehen. Auch vom Bewusstsein ist der Mensch erkennbar das höchste Wesen, zumindest in seiner Hierarchie. Ich möchte nicht abstreiten, dass auch Planeten und Galaxien Bewusstsein enthalten, ich gehe sogar davon aus. Nur ist der Mensch in seiner jetzigen Form nur in der Lage, seine eigene Stufe zu erkennen. Was auf makrokosmischer und mikrokosmischer Ebene Wahrheit bedeutet, davon hat der Mensch nur einen Hauch von Ahnung. Insofern birgt die Rationalisierung des Menschen auf system-theoretischer Ebene die Gefahr, alles maschinell zu betrachten. Ich möchte an dieser Stelle keinen Vorwurf machen, wie sollte es denn mit dem logischen Verstand anders geschehen? Seit jeher ist die Welt bestimmt vom Kampf zwischen Ratio und Emotio, zwischen Logik und Empirie, zwischen Gefühl und Verstand. **Daher möchte ich die system-theoretische Überlegung auch nur aus Sicht des kritischen Rationalismus einfügen, damit ein jeder sich Gedanken darüber machen kann, inwiefern die System-Theorie als begrenzt gilt.**

Systemhierarchien (Wissenschaftsbereiche):

Konzeptuelles Netzwerk von physischen Begriffen

Biosphäre
Gesellschaft, Nation
Kultur, Subkultur
Gemeinde, Gemeinschaft
Familie
2-Personen-Beziehung

Mensch
(physiologische Gestalt und molares Verhalten)

Organe
Gewebe
Organellen
Moleküle
Atome
Subatomare Teilchen

Abbildung: Der Mensch als Ausgangspunkt der System-Theorie (*mod. nach Egger 2005, S. 4).[36]

Wie auch das Wasser einen Mittelpunkt aufweist, weist die System-Theorie den Menschen als Mittelpunkt auf. Der Mensch ist ein Zwischenwesen, ein Mittelwesen oder auch ein Zentralwesen, welches die um sich liegenden Punkte erkennen kann. Ich möchte bezweifeln, dass die „unteren Punkte", also

Organe oder Atome zum selbigen fähig sind. Die „obigen Wissensbereiche" scheinen mir durchaus fähig, die Strukturen unter sich zu erkennen, allerdings geht mit zunehmender Größe auch das Selbstgefühl bzw. die Selbstbezogenheit verloren. Das Ich-Gefühl als solches ist jedoch notwendig, insbesondere auch, um sich von umliegenden Strukturen abzugrenzen. **In einer Gemeinschaft geht zunehmend der Wille des Einzelnen verloren, wenn sich der Mensch nicht selbst darauf besinnt.** Nicht nur massenpsychologische Theorien lassen dies erkennen, auch im Kapitel *Aktuelle Entwicklungen* wurde dies eingehend thematisiert.

Was sich bestenfalls aus dieser Abbildung erkennen lässt, ist das zweite Gesetz, die Dualität. Der Mensch kann in seiner Position sowohl nach „oben" als auch nach „unten" blicken. Er kann versuchen, den Rand der Erkenntnis zu ergründen und verschafft sich durchaus auch solche Einblicke. Diese sind mit dem rationalen Denken jedoch nicht mehr als Spekulation, keinesfalls jedoch Wahrheit. Wie die Wirklichkeit tatsächlich aufgebaut ist, darin bietet die System-Theorie keinen Einblick, denn sie verachtet auf phänomenale Weise die emotionale Komponente der Wirklichkeit. **Die System-Theorie stellt die Wirklichkeit als eine zu erkennende Struktur da, die der Mensch noch außerhalb von sich entdecken muss.** Dabei wird jedoch vergessen, dass der Mensch die Erkenntnis der Welt bereits *a priori* in sich tragen muss, ansonsten wäre die Wirklichkeit nicht verstehbar. Es muss eine gewisse Ordnung im Menschen geben, die auch analog der der Wirklichkeit entspricht; ähnlich wie auch die Botenstoffe in unserem Gehirn mit den Substanzen aus psychedelischen Pflanzen kommunizieren können, müssen auch in anderen Lebensbereichen die Voraussetzungen im Menschen bereits vorhanden liegen, damit die Wirklichkeit geschaffen werden kann.

Der Mensch ist in meinem Verständnis von Systemen und System-Theorie somit weniger ein Zahnrad in einem großen Uhrwerk – eine Prämisse, der sich zu viele Philosophen und Wissenschaftler verschrieben haben – **und mehr ein Schöpfer in einer für ihn geschaffenen Wirklichkeit.** Die Wirklichkeit wird nicht nur von ihm bewohnt, sondern durchdrungen. Auch andere Lebewesen sind hier in ihrem Entwicklungsprozess enthalten. Doch diese Bewohner sind in gewisser Weise – wie auch Rudolf Steiner zu erklären versucht hat – seine in ihm selbst bereits enthaltenen Urbilder oder Urgestalten. Ich möchte hier nicht bloß auf die Veranlagung des Menschen pochen, sondern den Menschen zu seiner wahren Größe erheben. Letztlich hat der Mensch, und ich hoffe, dass sich jeder darüber bewusst ist, die Macht über Leben und Tod für den gesamten Planeten. Diese Macht kommt nicht von irgendwo her, sondern von der langen „geistigen Ausbildung" oder anders ausgedrückt von seiner „kosmischen Bewusstwerdung". **Den Menschen nicht auch spirituell zu denken führt ja gerade in ein maschinenhaftes Denken, welches letztlich auch Philosophie und Wissenschaft korrumpiert.**

Erst wenn der Mensch sich als essentieller Teil eines größeren Ganzen und zugleich als das Ganze begreift, kann das, was der Mensch heute als System bezeichnet, wieder funktionieren. Der Begriff des Organismus ist vermutlich wesentlich geeigneter als der Begriff des Systems, da der Organismus immer auch auf etwas Lebendiges hindeutet. Das System nach der System-Theorie ist starr, ein untoter Organismus oder anders ausgedrückt eine tote Struktur. Der Organismus hingegen weist Qualitäten des Lebendigseins auf und trägt in seiner Gesamtheit aktiv zum Überleben seiner einzelnen Komponenten bei. Ich sträube mich nicht, den Begriff des Organismus auch auf kosmischer Ebene zu verwenden, glaube jedoch auch, dass wir mit der Zeit noch einen besseren Begriff finden, der die Lebendigkeit und Veränderung mit einschließt.

Die Kommune kann zu dieser Lebendigkeit und Veränderung beitragen, indem dieses Gesellschaftsmodell die Spiritualität und Entwicklung des Menschen auf geistiger Ebene fördert. Nach vielen Jahrhunderten des materialistischen Denkens und Wohlstands ist nun eine Epoche des Umdenkens in Richtung der geistigen Bedürfnisse des Menschen gekommen.

Nachwort: Eine kleine Richtlinie

Wie ich nach dem Schreiben meines Buches feststellen durfte, hat Madam Flora Tristan in ihrem Buch *The Workers Union* eine ziemlich ähnliche Anleitung zur Realisierung der freiheitlichen Gemeinschaft gegeben.[37] In *The Workers Union* geht es vor allem darum, die Arbeiter aus ihren sklavenähnlichen Verhältnissen zu befreien und so durch Bildung die größte Gruppe der Gesellschaft zu Wohlstand außerhalb des Verhältnisses von Aristokratie und Proletariat zu führen. Hierfür ist ein Verständnis für die Situation des 19. Jahrhunderts wichtig, daher empfehle ich jedem, das Buch zu lesen. Ihre Anleitung ist jedoch einwandfrei auf die Moderne übertragbar. In wenigen Punkten fasse ich nun also ihre Sichtweise der benötigten Schritte zusammen.

1. Registrierung aller Mitglieder und Erstellung eines Verwaltungskomitees
2. Sammlung der geplanten Spenden-Einnahmen von den Arbeitern und einheitliche Verteilung auf die Struktur der Organisation (geringstmögliche Zeitüberwindung ohne Geldverlust)

3. Verteidigung der Idee durch geldliche Unterstützung von erwählten Fürsprechern und öffentliche Ausführung der Ideale zur Erhaltung der Hoffnung in Arbeitern auf eine gemeinsame Zukunft

4. Umsetzung der Ideale durch Aneignung von Wissen innerhalb der Arbeitergemeinschaft

5. Verrichtung der Arbeit füreinander in Harmonie und Bereitschaft

Übertragen auf meine Sichtweise würde sich dies wie folgt widerspiegeln:

1. Vernetzung und Klärung von Zielen der Kommunion - Auch über das Internet ist die Suche nach Gleichgesinnten möglich

2. Bündelung von wirtschaftlichen Gütern und Fähigkeiten zur Nutzbarmachung und Planung innerhalb der kleinen Gemeinschaft

3. Öffentliche Bekanntmachung und Realisierung über das Internet durch Aufbau einer Plattform zur Kommunikation

4. Langfristige Aneignung von Wissen zur Umsetzung des Gesellschaftsmodells

5. Erlösung der Arbeiter in die Autonomie durch Aufbau kleiner, ländlicher und moderner Kommunen.

Lass mich dir nun zum Abschluss eine Geschichte erzählen, die das Urproblem der Menschheit wunderbar charakterisiert. Dieses Urproblem findet sich auch durch schöne Metaphern und Erzählungen in allen geachteten Traditionen, Kulturen und Ideologien wieder. Jener Konflikt mit uns selbst hält uns von der Umsetzung unseres Wunsches nach wahrer Gemeinschaft ab.

Es waren einst zwei Brüder. Der eine von Ihnen war gebildet, wissend und fähig zu kritischen Beurteilungen. Lange Zeit hat er hart gearbeitet, um all das Wissen zu sammeln und zu verinnerlichen. Er war stolz auf seine Arbeit und wollte sie nutzen, um das Leben erträglicher zu machen.

Der zweite Bruder war hingegen ganz anders. Er interessierte sich nicht für die Macht des Wissens und was er damit anstellen konnte. Er wollte das Leben erleben, Spaß haben und herumtollen. Was ihn glücklich stimmte, war der Gedanke daran, dass er Freude überhaupt erleben durfte. Dieses Privileg wollte er nicht einen Tag seines Lebens mit Lesen, Schreiben oder Rechnen verlieren, sondern lieber sich und seine

Mitmenschen durch kleine Gesten und schöne Geschenke erfreuen.

Der wissbegierige Bruder scheute und verachtete seinen dummen Bruder. Er versuchte, ihn hinter das Licht zu führen, wo er auch konnte. Dies gab ihm ein Gefühl der Wertigkeit, dass sein Lernen nicht umsonst war und er womöglich genauso viel Freude empfinden konnte wie sein Bruder. Denn er war neidisch auf die Leichtigkeit, mit der sein Bruder durch das Leben schritt.

Der leichtfertige Bruder litt nicht sonderlich unter dem Einfluss seines Bruders, denn trotz der Steine, die ihm in den Weg gelegt wurden, besann er sich immer auf das Positive des Lebens. Eines Tages allerdings, da war er zu bedenkenlos. Denn sein Bruder hatte gefühlt schon alle Tricks und Spiele mit ihm gespielt, die er spielen konnte. Mit der Zeit wurde es dem wissbegierigen Bruder einfach langweilig. Also überfiel er ihn getarnt, um ihm sein Geld und Essen zu klauen, aber geriet in einen Kampf mit seinem Bruder und tötete ihn mit seinem Messer. Es ging alles so schnell, dass er selbst nicht verstand, wie er die Tat vollbringen konnte.

Als er sah, was er aus Gier getan hatte, brach er in Tränen aus und geriet in tiefste Verzweiflung. Er wusste nicht, wie es weitergehen sollte. Nun blieb er mit seiner schrecklichen Tat auf der Erde zurück und musste den Rest seines Lebens bereuen. Er erkannte in seiner Eifersucht, dass er sich das Einzige genommen hatte, was ihm noch an Familie geblieben war. Nun würde er sich kalten Herzens den Rest seines Lebens verfluchen und nach mehr Wissen suchen, damit der Schmerz in seinem Herzen zum Erliegen kam. Aber wie soll der Schmerz verschwinden, wenn derjenige, der ihm die Freude lehren konnte und dem er sein Wissen weitergeben wollte, durch seine kalte Hand ermordet wurde?

Die Antwort: Vergebung. Diese Geschichte zeigt allerdings nur einseitig die Misere der männlichen Rationalität. Ergänzend folgt also nun das Dilemma der weiblichen Eingebung (Emotionen & Gefühle) durch die Geschichte zweier Schwestern.

Zu früherer Zeit lebten zwei Schwestern. Sie waren Zwillinge, gleich alt, gleich schön und zweifelsfrei begehrenswert. Doch einen Unterschied gab es zwischen Ihnen: Die eine erkannte ihre Schönheit als etwas Vollständiges, als ein Gesamtbild harmonischer Kompositionen in fein abgestimmten, wunderlichen Proportionen und Körperzügen. Sie wusste es allein durch ihr Gespür, dass sie eine Verkörperung der Natürlichkeit war, die in allem und jedem widerhallt. Sie empfand sich gleich einer Blume, genauer gesagt einer Rose. Sie identifizierte sich jedoch nicht ausschließlich mit der Blüte, nur mit dem Stängel oder nur mit den Dornen. Sie wusste: Um Schönheit wirken zu lassen, bedarf es jeder feinen Note, aber auch den widerspenstigen Tönen. So kann Imperfektion dennoch als etwas Perfektes erscheinen. Für dieses Gefühl waren keine Worte notwendig, ganz im Gegenteil, erst die Worte hätten eine Illusion der Trennung geschaffen, die vom eigentlichen Wesen der Blume abgelenkt hätten.

Anders war ihre Zwillingsschwester. Sie war ihr in ihrem Potential ebenbürtig, wusste jedoch nicht mit ihm umzugehen; Sie war von jedem Umstand in ihrem Leben beeinflusst, nahm sich jeden Schmerz zu sehr zu Herzen und lief naiv jedem Versprechen hinterher; sie war ständig in der Bedrängnis, sich selbst mit etwas Äußerem zu erfüllen, damit ihre eigene Schönheit noch weiter aufblühen konnte; sie war in einem Kampf mit sich selbst gefangen, der mit dem Kampf ihrer Unvollständigkeit begann und letztlich in einem Strudel aus wirren Emotionen ein Ende fand.

Sie hätte es nie zugegeben, aber sie war zornig auf ihre Schwester und sich selbst. Sie versuchte, ihren Zorn auf die Welt zu kompensieren. Erst wurde sie wollüstig und stopfte ihre Begierde mit Genussmitteln. Als sie dies nicht befriedigte, kasteite sie sich mit Geißelungen in ihrem Ideal der Frömmigkeit. Von da an hielt sie Abstand zu allem Lebendigem auf der Welt. Egal ob es Menschen, Tiere oder Pflanzen waren. Ihr Zorn verwandelte sich langsam immer mehr in Scham darüber, wer sie war. Sie versteckte sich auch vor ihrer Schwester.

Als ihre von Liebe erfüllte Schwester begann sich Sorgen um sie zu machen, verschwand sie; jedoch nicht endgültig - sie verhungerte zwar in einer Höhle fernab der Gemeinschaft, von da an schwor sich jedoch die Zwillingsschwester, ihre Schuld an dem Tod der Zwillingsschwester um *jeden Preis zu büßen. So blieben ihre Ideale in der Welt erhalten. Dabei bemerkten beide nicht, wie die Schönheit nicht nur zu ihrer eigenen Last wurde, sondern auch zur Last, die künftige Generationen tragen müssen.*

Was sollen uns nun diese Geschichten zeigen? Ganz einfach: Die Liebe kennt keine Grenzen und so auch nicht der Hass. Wenn beide Eigenschaften grenzenlos sind, so haben wir mit unserem Verantwortungsbewusstsein die Qual der Wahl, in welche Richtung wir unseren Wandel richten wollen. Kriege führen zu unendlichem Leid. Der Friede kann jedoch ebenso zu einem unendlichen Quell der Freude werden. Es geht immer noch schlimmer, aber auch immer noch besser. Und in der Mitte stehen wir Menschen und haben die *Qual der Wahl*. Wollen wir uns in einer liebenden, arbeitsteiligen Gemeinschaft mit wahrer Gleichwertigkeit das Paradies erschaffen? So ist Selbsterkenntnis und Disziplin zur Verbesserung der eigenen Lasten notwendig. Ansonsten wird uns langfristig der Verlust unseres Selbst auch den Verlust unserer Gemeinschaft kosten. Wahre Stärke kommt aus dem Inneren und überträgt sich wie eine Kerze, die mit ihrem Licht andere Kerzen erhellt. Wer sich der Schwäche hingibt, der bewegt sich in Richtung der Dunkelheit und muss auch mit eben jenen Eigenschaften rechnen, die dies mit sich bringt. In beiden Geschichten konnten die Protagonisten nicht mit ihren Fähigkeiten umgehen. Wir sollten stets bedacht sein, dass unsere Entscheidungen Spuren für unsere Harmonie in der Gemeinschaft haben. Es gibt weder einen perfekten Glauben, Maßstab noch eine Ideologie, Tradition oder Kultur. Wer ihn bestimmt und angemessen macht, das sind die Menschen, die auf den Frieden bedacht sind. Jedes System wird zur Einstimmung gebracht werden, wenn die, die die Einstimmung gebracht haben, den Einklang finden. Ich bitte herzlichst, im Namen meiner Gedanken und Gefühle Milde herrschen zu lassen.

Die Idee meines Geistes entstammt einem wohlwollenden Herzen, das sich nichts mehr wünscht als das Paradies für alle Menschen. Somit stellt dieses Buch auch einen Heilungsansatz für meine eigene Seele dar. Durch die Erschaffung von Neuem in der Welt werden alte Wunden geheilt. Der Phönix kann erst dann aus der Asche emporsteigen, wenn die alten Strukturen vollständig aufgelöst wurden. Und dennoch sollte ein Anfang gemacht werden, der zum einen bereitwillig empfangen werden kann, zum anderen auch nicht zu leichtgläubig angenommen wird. Die Zeit wird zeigen, welchen Weg wir einschlagen. Zumindest kann ich dir für deine Zeit danken.

Gib mir Kraft (xxoo)

Einsam war ich bis
bis er mich rief (1)

Erstrahlen tu ich nun
nichts erscheint schief (2)

Sie hat es wohlgezeugt
Und er hat es beäugt (3)

Mit der Kraft des Einen
Der Sinn in dem Meinen (4)

(1) Die Schöpfung ist ein Ort der Harmonie aller Wünsche miteinander. Und wie Edelsteine, die sich reflektieren, erstrahlen unsere individuellen Wünsche im Glanze unserer Individualität. Sind wir wirklich einsam?

(2) Bedenke, du bist ein Individuum. Du kannst alles sein, was du möchtest, ob einsam oder liebend. Damit ergibt sich keine andere Antwort auf die Frage, was du kannst, als *du kannst.* Kannst du es aushalten? Kannst du dich erkennen? Kannst du Friede und Harmonie durch dein Licht in diese Welt bringen?

(3) Jeder ist ein *Avatar* von uns, der seine eigene Sichtweise auf die Welt hat. Um das zu erkennen, brauchst du viel von dem, was wir als Tugenden bezeichnen. Mut und wie sie alle heißen. Aber sei auf der Hut: Die Laster überfallen dich nur in schwachen Momenten, in denen du dich in deinem Spiegelbild verlierst. Dann wird die Kenntnis von deiner Herkunft, dem Urgrund der Mutter (Gaia) und deinem Vater Himmel (Uranos) unentbehrlich.

(4) Du bist nicht jener Edelstein. Du bist alle Edelsteine, die du sein möchtest. Sei also stets das, was dir am meisten Freude im Geben bringt, und bringe die Wünsche aller Lebewesen zum Strahlen. Dann wird sich dein Schöpfer offenbaren und Kraft schenken, in dem, was du tust und was dir Sinn gibt. Wer dem Leben geben kann, der bekommt des Lebens. Die einzige Antwort, die gegeben werden kann, ist nun: Lebe einfach.

Anmerkungen

Einige Autoren haben die Entwicklung des Modells der Kommune in dem letzten Jahrhundert beobachtet und beschrieben. Dazu zählt auch der Historiker *Henry Near* mit seinem Werk „*Where Community Happens*". Einige seiner Erfahrung möchte ich nun noch in Zitatform einfügen, sodass die Macht der Harmonie in der Gemeinschaft demonstriert wird. Hierbei setze ich eher auf das Sprichwort *in der Kürze liegt die Würze*, da bei Interesse gerne selbst das Buch gelesen werden kann (und sollte). Die wichtigsten Erkenntnisse halte ich nun in freier Übersetzung fest. Das Buch findet sich im angehängten Literaturverzeichnis.[38]

Über Henry Nears Erfahrungen im Kibbuz

Vor mehr als dreißig Jahren, als ich [Henry Near] noch Student war, beschrieb ich selbst das Gemeinschaftsleben als eine nahezu mystische Erfahrung und sprach von „der moralischen Offenbarung, die aus dem gemeinsamen Leben und Wirken einer engen Gruppe von Menschen entspringt." Und ich kann bezeugen, dass die Erfahrungen, von denen ich gesprochen habe, Teil meiner persönlichen Biografie waren. Sie wurden nicht aus meiner Lektüre oder aus den Geschichten anderer über das Leben im Kibbuz abgeleitet, sondern aus meinen eigenen Erfahrungen mit anderen und von anderen in den Aktivitäten der jüdischen Jugendbewegung, in der ich damals tätig war.

Über den Wandel der Mystik in Gesellschaften

Könnte es nicht sein, dass unser eigener Sinn für Mystik nur annähernd wahr, annähernd falsch, annähernd real und annähernd nachgeahmt ist? Mit anderen Worten, dass wir [in der westlichen Zivilisation] nicht mehr als in einer sozialisierten - manche könnten sagen einer verwesenden - Gemeinschaftsform leben, entglitten aus einer der wichtigsten mystischen Traditionen? (...) Ich glaube [im Gegensatz dazu], dass die kollektive Erfahrung kein Echo einer kulturellen Tradition ist, sondern ein weitverbreitetes Ereignis, das sich spontan aus den Handlungen und Interaktionen von Menschen - insbesondere jungen Menschen - in kleinen Gruppen ergibt. Es kann das Ergebnis einer Zusammenarbeit sein, wenn man zusammen singt oder tanzt, oder einer Art Diskussion bei der „*Seele Seele berührt*".

Über den Sinn mystischer Zustände

(...) Mehr als dies, tatsächlich mehr als in einigen einzelnen mystischen Zuständen, gibt es maßgebliche Implikationen. Sie können auf viele verschiedene Arten formuliert werden, aber ihre allgemeine Bedeutung ist klar: Es ist besser zu kooperieren als zu konkurrieren, besser zu lieben als zu hassen.

Über die Erkenntnis mystischer Zustände

Das Problem der Wahrheit oder der Falschheit mystischer Erfahrungen ist schwierig. Wie kann es eine Gewissheit geben, dass es tatsächlich Gott war, der zum Heiligen sprach, und nicht der Teufel? Hat ein Levitationsakt stattgefunden, oder war es eine Illusion, die durch Mangel an Nahrung und Schlaf oder durch Autosuggestion hervorgerufen wurde? Eine Analyse verschiedener Strategien zur Beseitigung der Zweifel an der Richtigkeit einer solchen Erfahrung zeigt, dass es nur eine unbestreitbare Form der Bestätigung gibt: die Qualität der Erfahrung selbst; es ist, nach den Worten der hl. Teresa von Avila, "so tief in das Verständnis verstrickt, dass man nicht mehr daran zweifeln kann als an den Beweisen seiner eigenen Augen".

Über die Weisheit der kollektiven Erfahrung

"Ohne Vision wird das Volk zugrunde gehen", heißt es in einer Passage im Buch der Sprichwörter, die von Kibbuz-Ideologen vielfach zitiert wird. In gewisser Hinsicht der Beginn der Weisheit des Kibbuz.

Über die Notwendigkeit stetiger Weiterentwicklung

„Als der Kibbuz noch ein Wunsch war, haben wir uns unser zukünftiges Leben einfach und schön vorgestellt. Von Weitem schien das Leben im Kibbuz ein Teil eines schönen und perfekten Lebens zu sein, von Licht ohne Schatten, einer Idylle. Erst nach einigen Jahren des Lebens im Kibbuz wird uns klar, wie weit der Weg bis zum Leben des wahren Kibbuz ist und wie voll es mit Stolpersteinen ist, die das Ergebnis der menschlichen Natur und der Tradition der Generationen sind - eine Tradition, auf der wir erzogen wurden und in der wir bis ins Erwachsenenalter gewachsen sind." (Joshua 71) Utopie wird nicht durch die Verbesserung des Rahmens erreicht, sondern durch die Verbesserung des Menschen.

Über das Sein der Kollektive

Warum versuchen Sie (die Bewohner) es überhaupt? Die Gründe dafür liegen auf der Hand. Die kollektive Erfahrung ist, wie wir gesehen haben, ein gültiges und zutiefst empfundenes Element im Leben und Denken einer bestimmten Gemeinschaft - ein Rezept für das Hier und Jetzt.

Mehr Bücher von Tristan Nolting

Odyssee im 21. Jahrhundert - Über die Liebe als Quelle wahrer Zufriedenheit und Gesundheit im Leben. (2020) 2. Auflage, Tredition Verlag, Hamburg. ISBN: 978-3-347-03804-2

Atmen • Nicht-Atmen - Zeilen über Veränderung. (2020). 1. Auflage. Tredition Verlag, Hamburg. ISBN: 978-3-347-15452-0

Die Kommune – Ein Modell zur spirituellen Weiterentwicklung der Gesellschaft. (2021). 2. Auflage, Tredition Verlag, Hamburg.
ISBN: 978-3-347-03633-8

Warum Ernährungslehren scheitern - Was Ernährungsgurus nicht erzählen. (2021). 1. Auflage. Epubli Verlag, Berlin. ISBN: …

Autorenprofil

Tristan Nolting (*7.04.1998, Lüdenscheid) ist Schrift-steller aus Leidenschaft in den Bereichen Spirituali-tät, Wissenschaft, Medizin, Psychologie, Philosophie und Poesie.

2020 hat er einen Bachelor of Arts in Oecotrophologie an der FH Münster gemacht, 2021 einen Master of Science in Psychologische Medizin / Komplementäre Medizin an der Londoner Metropolitan Universität. Seine Denkweise macht selbst abstrakte und komplexe Themen verständlich und zugänglich. Seine vielfältigen immanenten Erfahrungen verarbeitet er über seine Bücher, seinen Podcast und Beiträge in diversen Magazinen wie 1bis19 und Metal Health Rx.

Geeignet sind seine Inhalte vor allem für Grübler, die mehr vom Leben wollen, als nur zu funktionieren. Denn Tristan Nolting zeigt auf vielfältige Weise die Bedeutung der eigenen Gefühlswelt auf. Und dass für ein integrales bzw. ganzheitliches Weltbild immer verschiedene Perspektiven notwendig sind.

Literaturverzeichnis:

[1] Sulamith Sparre (2012). Hier bin ich, die Wegweiserin" Flora Tristan (1803-1844), Sozialistin, Feministin, Schriftstellerin. Widerständige Frauen Band 15, Verlag Edition AV.

[2] Hans-Böckler-Stiftung (2019). Soziale Ungleichheit in Deutschland auf neuem Höchststand. Youtube Deutschland.

[3] Statista (2018). Soziale Ungleichheit wächst. WSI-Verteilungsmotor. URL: https://de.statista.com/infografik/15991/soziale-ungleichheit-in-deutschland/

[4] OXFAM Deutschland (2019). 8 Männer besitzen so viel wie die ärmere Hälfte der Weltbevölkerung. Online Verfügbar.

[5] Joshua Kodzo (2021). Das sind die zehn reichsten Menschen der Welt. WirtschaftsWoche, Forbes-Liste 2021. Online Verfügbar.

[6] Futurezone (2021). Elon Musk erklärt, warum er Angst vor KI hat, aber Roboter baut. Online Verfügbar.

[7] Elon Musk (2021). Antwort an @EffinZach. Twitter. URL: https://twitter.com/elonmusk/status/1433476171933515776

[8] ZEITonline (2017). Der heimliche WHO-Chef heißt Bill Gates. Seite 2/2: Gates investiert auch in Konzerne, die Schädliches verkaufen. URL: https://www.zeit.de/wissen/gesundheit/2017-03/who-unabhaengigkeit-bill-gates-film/seite-2

[9] Vera F. Birkenbihl (2012). Wie Medien unsere Meinung bilden. DVD Walhalla Fachverlag, Standard Edition.

[10] Rainer Mausfeld (2017). Vortrag: Die Angst der Machteliten vor dem Volk. KenFM, Youtube Deutschland.

[11] Oxfam Deutschland (2019). BESSER GLEICH! SCHLIESST DIE LÜCKE ZWISCHEN ARM UND REICH! Ein Aktionsplan zur Bekämpfung sozialer Ungleichheit. 5. Auflage. URL: https://www.oxfam.de/system/files/ox_bessergleich_broschuere_update2019_web_blau.pdf

[12] Stephan A. Towfigh & Wafa Enayati (2014). Die Bahà'i Religion - Ein Überblick. Lau-Verlag, 5. Auflage.

[13] Andreas von Delhaes-Guenther (2017). Keine deutsche Kultur. Bayernkurier. URL: https://www.bayernkurier.de/inland/25087-keine-deutsche-kultur/

[14] E. Kohler, C. Keysers, M. A. Umiltà, L. Fogassi, V. Gallese & G. Rizzolatti (2002). Hearing sounds, understanding actions: action representation in mirror neurons. Science Band 297, Nummer 5582.

[15] Chambers D. W. (2011). Swarm intelligence. The Journal of the American College of Dentists, 78(2), 34–43.

[16] Tristan Nolting (2019). Odyssee im 21. Jahrhundert - Über den Irrglauben wahrer Zufriedenheit und Gesundheit im Leben. Tredition Verlag, 2. Auflage.

[17] Rebecca Goldstein (2005). Incompleteness: The Proof And Paradox Of Kurt Godel (Great Discoveries). WW Norton & Co.

[18] Dr. Joe Despenza (2019). Becoming Supernatural: How Common People Are Doing the Uncommon. Hay House UK Ltd.

[19] Clemens Thaer (2003). Die Elemente (Euklid). Europa-Lehrmittel; 4. Auflage.

[20] Jiddu Krishnamurti (2001). Vollkommene Freiheit - Das große Krishnamurti-Buch. Fischer Taschenbuch Verlag.

[21] Alex Pde Alverga (2007). Der Prophet aus dem Regenwald - Begegnung mit heiligen Pflanzen. KOHA-Verlag.

[22] Khalil Gibran (2017). Der Prophet - Der Wanderer. dtv Verlag.

[23] Christian F. Hempelmann (2007). The laughter of the 1962 Tanganyika 'laughter epidemic'. In: Humor – International Journal of Humor Research. Band 20, Heft 1, Seiten 49–71.

[24] Vera F. Birkenbihl (2019). Jungen und Mädchen: wie sie lernen: - Welche Unterschiede im Lernstil Sie kennen müssen. mvg Verlag.

[25] Ranabir & Reetu. (2011). Stress and hormones. Indian journal of endocrinology and metabolism vol. 15(1): S. 18-22.

[26] N., Kansari et al. (2009). Chronic inflammation and oxidative stress as a major cause of age-related diseases and cancer. Recent Pat Inflamm Allergy Drug Discov. 3(1): S. 73-80.

[27] Hans-Peter Dürr (2009). Alpha Forum. BR. Online verfügbar.

[28] Wikipedia (2019). Kibbuz. Online Verfügbar. URL: https://de.wikipedia.org/wiki/Kibbuz.

[29] Wikipedia (2019). Kommune (Lebensgemeinschaft). Online Verfügbar. URL: https://de.wikipedia.org/wiki/Kommune_(Lebensgemeinschaft).

[30] Osho (2021). Eine Welt aus Kommunen. OSHO International Foundation Website. Online Verfügbar.

[31] Netflix (2021). Wild Wild Country. Online Verfügbar. URL: https://www.netflix.com/de/title/80145240

[32] Felix Ekardt. (2016). Suffizienz: Politikinstrumente, Grenzen von Technik und Wachstum und die schwierige Rolle des guten Lebens. Soziologie Und Nachhaltigkeit, 2(1). https://doi.org/10.17879/sun-2016-1755

[33] Netflix (2021). Tiny House Nation USA. Online Verfügbar. https://www.netflix.com/de/title/81016914

[34] Horton R. (2020). Offline: COVID-19 is not a pandemic. Lancet (London, England), 396(10255), 874. https://doi.org/10.1016/S0140-6736(20)32000-6

[35] Ioannidis J. (2021). Infection fatality rate of COVID-19 inferred from seroprevalence data. Bulletin of the World Health Organization, 99(1), 19–33F. https://doi.org/10.2471/BLT.20.265892

[36] Egger, J. W. (2005). Das biopsychosoziale Krankheitsmodell - Grundzüge eines wissenschaftlich begründeten ganzheitlichen Verständnisses von Krankheit. Psychologische Medizin, 2(16), 3–12. http://www.bpsmed.net/_data/doc/literature/1Egger_bps-Mod05.pdf

[37] Flora Tristan (2007). The Workers Union. Translated & with an Introduction by Beverly Livingston. University of Illinois Press.

[38] Henry Near (2011). Where Community Happens – the kibbutz and the philosophy of communialis. ralahine Utopian Studies, Volume 9.